추천사

"인공지능 기술이 많은 일을 대신할 수 있는 시대가 되었지만 사람의 감성까지 인공지능이 대신할 순 없다고 생각합니다. 이 책은 크몽 전문가들이 고객에게 감성을 담은 서비스 제공을 통해 성공했던 이야기를 가감 없이 진솔하게 전달합니다."
—TEO74 (김태천)

"제가 평소 되뇌이는 말이 있습니다. '변수를 바꾸지 않으면 결과값은 절대 바뀌지 않는다.' 하지만 대다수의 사람들은 인생이란 거대한 방정식에서 결과가 저절로 바뀌길 원합니다. 이 책은 결코 정답을 가르쳐주지는 않지만 결과를 바꾸는 방법들이 녹아 들어 있는 지침서인 것 같습니다."
—Designer Cooker (김민석)

"이 책에는 나만의 경험을 경쟁력 있는 서비스로 만든 열여덟 명의 이야기가 빼곡히 담겨 있습니다. 이 이야기들이 자신만의 경험과 노하우를 서비스 제품으로 만들어 팔려는 분들에게 불가피한 시행착오를 줄일 수 있도록 지름길을 알려주고, 중도에 포기하지 않도록 북돋워주는 응원가가 되었으면 좋겠습니다."
—클로직스튜디오 (서운솔)

"프리랜서의 진정한 자유로움이 무엇인지 느끼고 있는 '박수받는 피티'입니다. 만약 당신이 프리랜서의 자유를 꿈꾸는 분이라면, 이 책은 프리랜서의 진정한 자유가 과연 무엇인지 알려주고, 나아가 자신만의 자유를 찾도록 도와주는 좋은 길잡이가 되어줄 것입니다."
—박수받는피티 (이경원)

"적어도 이 분야만큼은 내가 전문가라고 생각하는 분이라면, 지금 망설이지 말고 도전하세요. 프리랜서가 참 행복한 직업이라는 것을 알게 될 것입니다. 크몽 최고전문가 18인의 생생한 경험담을 통해 누구도 알려주지 않았던 프리랜서들의 세계를 경험해 보세요. 그리고 시작하세요. 고민은 시간만 늦출 뿐입니다."
—JGO (이재고)

"지금 '독립형 계약직 경제(Gig Economy)'에 대해 더 알고 싶으신가요? 아니면 프리랜서로서 성공 전략이 필요하신가요? 이 책은 통찰력 있는 정보와 진실된 경험, 그리고 흥미로운 이야기로 가득합니다. 디지털 노마드를 꿈꾸는 분들에게 나아갈 방향과 경로를 밝혀주는 좋은 가이드북으로 적극 추천합니다."

—신통번역 (신동표)

"크몽에서 성공한 사람들이 전하는 그들만의 비밀을 듣고 싶으신가요? 이 책에 담긴 여러 성공자들의 다양하고 진솔한 이야기들은 당신의 미래를 위한 소중한 나침반이 될 것입니다. AI와 경쟁해야 하는 각자도생 시대에 이 책이 성공을 향해 나아가야 할 길의 시작점을 보여줄 것입니다."

—손코딩 (손원준)

"2016년 이래 크몽은 예나 지금이나 최우선으로 고려해야 할 플랫폼 중 하나입니다. 전자책 부업 카테고리를 만든 개척자로 자부하지만, 크몽의 인프라와 체계적인 시스템이 없었다면 전자책 부업 시장의 빠른 성장 또한 불가능했을 겁니다. 크몽이 있었기에 저도 전자책 하나로 '적게 일하고 많이 버는' 꿈을 이룰 수 있었습니다. 이 책을 통해 더 많은 분들이 자신의 꿈에 도전할 수 있기를 바랍니다."

—전자책 전문가 (유성우)

재야의 고수들

크몽으로 월 1000 버는
18인의 성공비법

재야의 고수들

크몽으로 월 1000 버는
18인의 성공비법

초판 1쇄 인쇄 | 2023년 12월 25일
초판 1쇄 발행 | 2023년 12월 28일

지은이 | 이창근 최규문
펴낸이 | 최화숙
편집인 | 유창언
펴낸곳 | **이코노믹북스**

등록번호 | 제1994-000059호
출판등록 | 1994. 06. 09

주소 | 서울시 성미산로2길 33(서교동) 202호
전화 | 02)335-7353~4
팩스 | 02)325-4305
이메일 | pub95@hanmail.net | pub95@naver.com

ⓒ 이창근 최규문 2023
ISBN 978-89-5775-316-3 03320
값 18,000원

재야의 고수들

크몽으로 월 1000 버는
18인의 성공비법

이창근 최규문 지음

이코노믹북스

AI 혁명 시대,
직장 없는 세상이 온다

이 책이 기획된 건 3년이 넘는다. 어쩌면 아주 오래전 가산디지털단지 사무실 쪽방에서 박현호 대표를 처음 만난 그때부터 예고되었던 일인지도 모른다. 10여 년 전 어느 날, '5천 원의 재능나눔'이라는 소박한 슬로건을 내걸고 페이스북 타임라인 귀퉁이에 나타난 서비스 하나가 눈길을 끌었다. 페이스북 메시지를 나누다가 얼굴 한번 보고 싶다 말했고 그게 만남의 씨앗이 되었다. 그렇게 찾아온 크몽의 창업자이자 첫 개발자를 가산디지털단지 한 구석에서 본 게 인연의 시작이었다.

지금은 대한민국을 대표하는 '서비스 인력 마켓 플랫폼'으로 어엿하게 성장한 크몽이지만 당시에는 막 싹을 틔운 작은 씨앗에 불과했다. 그 싹이 지금처럼 커다란 나무로 자랄 것이라는 예상을 그때는 못했다. 다만 굉장히 재미있는 세상을 만들 '특별한 씨앗'이라는 느낌만큼은 아주 강했다.

　코로나 전부터 해마다 올해가 가기 전에 꼭 '크몽 이야기'를 써 보리라 다짐했다. 하지만 생각은 생각일 뿐 차일피일 미루다 훌쩍 3년이 흘렀다. 2023년 새해를 맞으며 무슨 일이 있어도 올해는 넘기기 말자고 작심했다. 그리고 크몽 쪽에 협조를 구해 책 출간을 위한 첫 미팅을 잡은 게 2월 중순. 오랫동안 미뤘던 일이라 다시 접으면 안 되겠다 싶어 속도를 더해 밀어붙였다. 벚꽃이 질 무렵 인터뷰 일정도 순조로이 마치고 늦어도 상반기 안에 무난히 새 책이 나올 것으로 기대했다. 그런데 웬걸, 새해 벽두부터 등장한 '챗GPT'로 인해 출간 일정이 크게 흔들리기 시작했다.

　대형 사고였다. 인공지능이 인간의 노동을 대체할 거라던 막연한 염려가 육체노동이 아닌 정신노동 분야부터 현실화될 줄이야! 인간만이 가진 고유한 창의력을 감안할 때 창작과 예술 분야만큼은 기계가 쉽게 대신하기 어려울 거라던 그동안의 상식이 속절없이 무너지기 시작했다. 미드저니로 그린 그림이 미술대회 대상을 차지하는가 하면, 챗GPT로 책을 쓰고, 유튜브 동영상을 10분 만에 뚝딱 만들어 내는 '신박한' 세상이 눈앞에 펼쳐지기 시작한 것이다.

　뻔히 지켜보면서도 정신을 차리기 힘들 정도로 빠른 변화였다. 한마디로 시대가 바뀌고 있었다. 모든 원고 작업을 뒤로 미루고 이 현상의 본질을 살피지 않을 수 없었다. 만사 제치고 꼬박 반년 가까이 인공지능 기술의 역사와 원리를 공부하는 데 빠져들었다. 그 결과 당초 출간 예정보다 거의 반년이 더 걸려서야 어렵사리 크몽 인터뷰 스토리북을 마무리하여 세상에 내놓는다.

코로나 3년을 겪는 동안 우리는 비대면 미팅이라는 새로운 소통 방식을 배웠다. 재택근무라는 새로운 작업 방식을 강제로 익혔다. 반신반의, 과연 그게 될까 의심했지만 결과는 '된다'였다. 재택근무에 대한 선호도나 만족도 조사를 해보면 지금도 여전히 응답자의 70~80% 이상이 '긍정'으로 답한다. ICT 분야 스타트업 기업에서 '1주일에 하루 출근'이라는 근무 조건은 찾아보기 힘든 풍경이 전혀 아니다.

새벽 배송, 당일 택배, 퀵 배달이 일상화된 나라. 오늘밤 주문하고 내일 새벽 현관문만 열면 되는 세상이다. 노동 구조라고 다를까? 뉴스를 보면 로켓맨부터 카카오 대리기사들까지 플랫폼 노동자들의 열악한 처우와 장시간 노동이 연일 사회면 톱뉴스로 뜬다.

이와 같은 플랫폼 노동의 일반화 이면에는 이른바 '긱 경제(Gig Economy)'로 불리는 '1인 전문가'의 대중화 현상이 자리 잡고 있다. 앞으로 십수 년 안에 전체 노동의 절반 이상이 1인 비즈니스 주체들 간의 협업 프로젝트 방식으로 진행될 거란다. 붙박이 직장이 따로 없는 '무직장 시대'를 맞이하게 된다는 말이다.

실제로 많은 기업들이 상시 정규직 근로자를 채용하는 대신 일용직과 비정규직 채용을 선호한다. 필요한 때에 필요한 만큼만 프로젝트 방식으로 팀을 조직하고, 일이 끝나면 흩어지는 인력 아웃소싱 방식이 점점 더 크게 성장한다. 얼핏 안정된 직장을 찾는 이들에게는 불완전 고용에 따른 지위 불안을 초래하는 요소다. 하지만 '디지털 노마드'를 지향하는 사람들에겐 또다른 기회다. 다른 누구에게도 구애받지 않고 스스로 자유로운 프리랜서로, 인디펜던트 워커(독립 경영자)로 삶을 가능케 해주는 수단인 까닭이다.

인공지능과 로봇이 일하는 방식을 뿌리부터 바꾸고 있다. 생산성 혁명이 파괴적으로 일어나는 현장을 목격하면서 미래의 노동시장 구조를 예견하려 드는 건 부질없는 짓이다. 지금은 인류의 노동이 시작된 이래 가장 거대한 생산성 혁명기이자, 인간과 기계가 소통하는 새로운 시대의 문턱에 들어선 시점이다.

인류는 과연 기계와 인간이 평화롭게 공존하는 유토피아를 건설할 수 있을까? 아니면 탐욕 어린 전쟁과 파괴의 놀음을 그치지 못하고 끝내는 거대 인공지능의 노예로 전락하는 암울한 디스토피아를 맞게 될까? 이제 그 선택은 우리들 앞에 놓인 또 하나의 당면 과제가 되었다.

이 책은 자신의 재능과 기술을 크몽 플랫폼에 서비스 상품으로 올려서 각 카테고리 분야에서 최고전문가로 실력을 검증받은 18인의 성공 스토리를 담고 있다. 길게는 크몽 초창기 시절에서부터 10년을 넘긴 분, 짧게는 팬데믹 기간 중 시작한 1년차 신입 멤버에 이르기까지 모두 18인을 만나 총 30여 시간에 걸친 대화를 나누고 그 이야기를 간추려 모았다.

마스터 또는 프라임 레벨에 오른 이들부터 최근 수년간 '크몽어워즈'를 수상했던 분들까지, 최고 수준에 오른 그들이 지금의 위치에 오르기까지 어떤 시행착오와 담금질이 필요했는지 묻고 들었다. 그리고 성공의 이면에 담긴 노력과 열정, 숨은 노하우와 팁들을 생생한 육성으로 옮겨 보려 애썼다.

이 책은 크게 1부와 2부로 나뉜다. 서비스 카테고리나 종류에 따른 구분이 아니라, 인터뷰 내용을 정리한 글쓴이에 따라 구분한 것이다. 글이라는 게 사람마다 각자 화법이나 관점이 다른 만큼 문체나 스타일도 다를 수밖에 없다. 이 점이 문제라면 문제였기에 굳이 책 전체의 문체나 말투를 억지로 통일하려고 하지 않았다. 1부는 오랜 기자 활동을 통해 다듬어진 촉과 필력으로 인터뷰에 응해준 이들의 말 속에 담긴 핵심 원칙이 무엇인지 '성공의 방정식'을 찾아내는 탐구심으로 정리해낸 이창근 기자의 글이다.

2부는 근 10년 넘게 중소상공인과 1인 기업 대표들과 함께 '생존의 지혜'를 찾아온 필자의 경험을 살려 인터뷰에 응해준 분들과 나눈 진솔한 삶의 대화를 가감 없이 기록한 내용이다. 굳이 하나의 정답을 끌어내려 애쓰기보다는 대화 녹취록을 옮겨 적듯 현장의 목소리를 그대로 살려 인용하는 방식을 택했다.

필자들은 서로의 글에 대해 시종 간섭하지 않고 각자 자신의 문체와 어투를 따랐다. 그런데도 신기하다 싶을 정도로 1부와 2부에서 전하는 이야기의 정수가 일치한다. 두 필자가 서로 함께 놀라지 않을 수 없었던 이유다.

하지만 이 책은 결코 정답지가 아니다. 비법이라고 이름 붙였지만 아주 구체적인 방법론을 도출해서 '정리된 공식'을 알려주는 교과

서는 더욱 아니다. 매우 다양한 분야에서, 다양한 프로필을 가진 이들이 스스로 인생 2막의 주인공이 되고자 흘린 피와 땀의 기록일 뿐이다. 기존의 틀을 과감히 박차고 나와서 1인 기업가로, 프로 프리랜서로 독립하는 과정을 엿볼 수 있도록 도와주는 이야기 묶음일 뿐이다.

교훈이 되었든 통찰이 되었든, 그들의 모습에서 무엇을 얻고 무엇을 버릴지는 모두 독자의 몫이다. 지난 1년간 성큼 우리 곁으로 다가온 인공지능 시대가 우리에게 던지는 메시지는 분명하다. 인공지능이 인간을 대체하는 것이 아니라, 인공지능을 잘 다루는 사람이 인공지능을 모르는 사람들을 대체한다는 것!

그러므로 크몽으로 성공한 전문가들로부터 인공지능 시대 개인들이 어떤 경쟁력을 갖춰야 생존할 수 있는지 그 전략과 방법을 찾아보는 것은 지금 시기 더 절실해진 우리 모두의 숙제이다.

그 답을 찾는데 이 책이 조금이나마 보탬이 되면 좋겠다.

2023년
겨울 문턱에서
최규문

차 례

1부 크몽 성공의 방정식을 찾아서 / 이창근

2부 크몽 고수들에게 길을 묻다 / 최규문

크몽 성공의
방정식을 찾아서

이창근

재능 마켓에서 후기는
최고의 재산이다

－웹&앱 UX/UI 기획전문가 / UX기획자 제이크

IT업계에서 UX/UI는 아무리 강조해도 부족할 정도로 핵심적인 키워드다. 모두가 인정할 만한 대단한 아이디어라도 UX/UI의 완성도가 떨어지면 결코 좋은 결과로 이어지기 어렵다.

UX/UI는 프로그램 코딩만 빠진 서비스 직전 단계의 결과물이라서 기획과 디자인, 마케팅, 개발팀 등과의 협력과 분담이 필수다. 유저가 어플리케이션을 다운로드받은 이후 겪게 될 여러 가지 경험을 가정하고, 사용자의 행동을 자연스럽게 유도하는 것이 UX(User Experience)라면, 각 화면의 레이아웃, 메인 컬러, 각종 버튼 위치와 모양, 세부 안내 메시지 등과 같은 세부 결과물을 UI(User Interface)로 이해하면 되겠다.

IT 사업 하려면
꼭 만나야 하는 사람

UX/UI의 중요성이 대두되는 이유는 두 가지다. 하나는 개별 메뉴와 메뉴 사이의 연계성을 일종의 플로우차트 형태로 인식할 수 있다는 점이다. 유저가 만나는 개별 화면이 어떤 형태(UI)로 제공되는지 예측할 수 있음이 의미하는 바는 크다. 코딩까지 다 끝난 프로그램의 메뉴와 연결 데이터를 바꾸는 것은 시간과 인력의 낭비가 크기 때문이다. 따라서 사전에 충분한 시뮬레이션을 해보고 최적의 서비스 형태를 도출하려면 UX/UI의 중요성을 꼭 알아야 한다.

다른 하나는 개발팀에게 제시할 최종 개발사항을 확정할 수 있다는 점에서 UX/UI의 중요성이 있다. UX/UI를 수시로 갈아엎으면서 개발 일정을 맞추라고 요구하는 것은 어렵게 확보한 엔지니어를 다른 회사로 내모는 것과 다름없는 짓이기 때문이다. 이렇듯 UX/UI는 프로젝트 핵심 인력들의 역량을 총동원해야 하는 분야다. 충분한 인력과 시간을 들여야 하고, 수정과 개선을 거듭하며 스스로 인정할 수 있는 결과물을 도출해야 한다.

여기서 떠오르는 의문 몇 가지.

이렇게 중요한 UX/UI 분야를 다른 사람이나 업체에 맡길 수 있을까? 맡기면 만족할 만한 결과물을 받을 수는 있을까?

반대로 UX/UI를 외주받을 입장에서 판단해 볼 때, 충분한 수요는 있을까? 또 투여되는 시간과 노력만큼 돈은 벌 수 있을까?

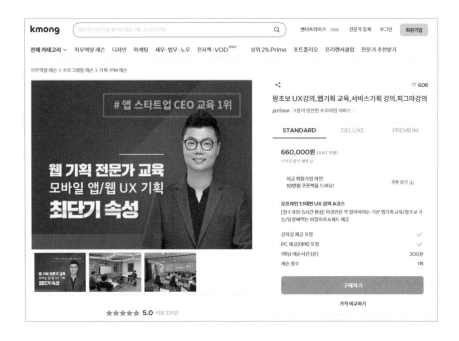

결론적으로 말하면 위의 모든 질문에 대한 답은 '가능'이다. 실제로 크몽에서는 수많은 외주 계약이 이뤄지고 있다. 크몽의 비즈니스 카테고리에서 UX/UI 전문가로 활동하고 있는 [UX기획자 제이크]가 대표적인 인물이다.

제이크는 2019년까지 국내 대기업에서 IT분야 신사업 전략팀에서 근무했다. 소위 갑의 위치에서 다수의 SI업체(System Integration)를 조율하고, 과업의 부여와 피드백은 물론 최종 검수에 이르기까지 IT 비즈니스 전반에서 경험을 쌓았다.

갑의 위치라고 하지만 시행착오가 없지 않았다. 외주업체로부터 뒤통수를 맞는 경험도 여러 번 있었다. S급 엔지니어를 투입하겠다고 해놓고 2~3년 차 엔지니어를 투입하는 경우는 양반이고, 계약서 도장 찍으면 안면을 바꾸는 업체도 심심치 않았다. 이런 일을 겪을 때마다 들었던 생각.

'아니, 이렇게 큰돈 받아가면서 결과물이 이 정도밖에 안 되나?', '하, 내가 해도 이보다는 잘 해낼 수 있겠는데….'

외주업체를 상대하면서 생긴 불만과 갈증은 그를 부업 전선에 나서게 하는 계기가 됐다. 지인과 거래처, 기타 인맥이 닿는 업체를 통해 일감을 받았다. 작업은 퇴근 후 시간과 주말을 활용했다. 최소한 자신이 욕했던 외주업체보다는 좋은 결과물은 내놓겠다는 마음으로 작업했다. 그런 마음 자세가 무너지지 않았던 탓이었는지 결과물에 대한 반응이 좋았다.

의뢰인의 좋은 반응은 더 많은 일감으로 돌아왔다. 차츰 일이 늘어나고 부수입이 커지면서 제이크는 독립을 고민하기 시작했다. 그리고 부수입이 자신이 근무하던 회사의 본부장급 연봉을 넘어서자 퇴사를 감행했다. 자신만의 법인을 세운 것이다.

좋은 리뷰가
더 많은 일감을 부른다

독립은 좋은 선택이었다. 일감은 꾸준했고, 평판도 좋았다. 크몽을 알게 된 것은 3년 전, 지인을 통해서다. 소개받을 당시에는 크몽에 그다지 신경을 쓰지 않았다. 기존 네트워크를 통한 수주가 충분했기 때문이다. 크몽을 통한 매출은 거의 없었다.

씨 뿌리지 않고 열매 맺는 일은 세상에 없는 법. 크몽에서의 무반응은 당연한 결과였다. "IT 개발해 드립니다"라고 간판을 걸었지만 아무런 반응이 없었다. 이렇다 할 특장점도 없었고, 어떤 메시지를 보내야 의뢰자의 지갑이 열릴지 최소한의 고민조차 없었던 시기다. 재능 마켓에 대한 인지도가 낮았던 때라 다른 사람도 마찬가지일 것이란 안일함도 있었다. 그러다 문득 떠오른 생각.

'모두가 안일한 생각에 빠져 있을 때 치고 나간다면….'

생각의 변화는 곧 행동의 변화로 이어졌다. 썸네일부터 가다듬었다. 이왕이면 제대로 해보자는 생각이 들어서다. 그래도 무반응. 글자 크기나 색상도 변화를 주고, 메인 카피며 서브 카피를 수시로 바꿨다. 할 수 있는 것은 뭐든 다 했다. 오기가 생긴 것이다. 그렇게 노력했건만 시장은 냉담했다. 노력을 비웃기라도 하듯 단 한 건의 의뢰도 생기지 않았다.

'무슨 수가 없을까?' 고민하던 어느 날. 문득 '상품을 쪼개 보면 어떨까?' 하는 생각이 들었다. IT 개발을 해준다고 하면, 의뢰자 머릿속 예상 견적은 최소 수천만 원이다. 그런데 몇 개의 상품으로 쪼개 놓으면 개별 견적은 몇 백만 원 규모로 작아진다. 심리적 저항선이 낮아지는 것이다.

추가 매출의 가능성도 보였다. 상품을 하나라도 구매해 본 고객이라면, 그와 연관된 상품도 구매할 것이라는 생각이 들었다. 이를테면 기획을 맡겨본 의뢰인이라면, 추후 디자인이나 UX/UI를 의뢰할 가능성이 커질 것이란 접근이다.

이런 생각에 이르자 제이크는 "IT 개발해 드립니다"라는 타이틀로 만들었던 단일 상품을 쪼갰다. 쪼개진 상품은 6개. 'IT 기획', '디자인', '설계', 'UX/UI 컨설팅', 'UX/UI 교육' 등이 별도 상품으로 탄생했다.

하나뿐이던 상품 소개를 6개로 나누고 다듬는 작업이 필요했지만 하나도 힘들지 않았다. 자신의 판단에 확신이 있었기 때문이다.

제이크의 확신은 시장의 호응으로 검증되었다. 의뢰가 쏟아지기 시작한 것이다. 막상 많은 일을 받고 보니 새로운 문제가 생겼다. 의도가 적중한 것은 좋았지만 혼자서 모든 수주를 감당하기 어려워졌다. 유일한 해법은 6개 상품을 소화할 수 있는 인프라를 구축하는 것.

제이크는 곧바로 예전 직장 동료를 접촉했다. 각 상품의 메인을 맡아줄 역량 있는 사람이 누구인지는 이미 알고 있었다. 접촉 결과는 대성공. 자신이 그랬듯이 예전 직장 동료도 부수입이 필요할 것이라는 생각이 적중한 것이다. 그렇게 확보한 6명이 '팀 제이크'의 멤버가 됐다.

예전 동료들의 합류로 인한 장점은 오랜 시간 갈고 닦은 팀워크. '콩떡'같이 말해도 '찰떡'같이 알아듣는 팀워크가 시너지를 만들어냈다. 아무리 의뢰가 쌓여도 효율적으로 일을 소화한 것이다. 매출이 오른 것은 자연스러운 결과다.

크몽에서 [UX기획자 제이크]라는 이름으로 활동한 지 3년. 지금은 연간 100건 이상의 의뢰를 수행하고 있다. 그 사이 리더 제이크의 수입은 한 달에 천만 원을 넘어섰다. 부업으로 참여하던 동료들도 직장을 정리하고 전업 서포터로 자리잡았다. 대기업 수준의 수입이 보장되면서도 일의 자유도가 높다는 것이 가장 큰 이유였다. 제이크가 수주 활동을 전담해준다는 점도 어려운 결정을 쉽게 만들어준 요소다.

덕분에 제이크는 IT 제작 의뢰에 대해 기획부터 디자인, 개발과 운영이 통합된 서비스를 제공할 수 있게 됐다. 혼자서 IT의 모든 것을 제공하겠다는 생각을 버리고 상품을 쪼갠 것이 '신의 한 수'라면, 드래곤 볼 모으듯 훌륭한 동료를 팀에 합류시킨 것이 '두 번째 묘수'가 된 셈이다.

일감을 수주하는 활동 외에 제이크가 가장 주력하는 것은 UX/

UI 파트다. 큰돈이 투여되는 IT 비즈니스에서 아직도 UX/UI에 대한 인식이 부족하다는 판단 때문이다. 인식이 부족한 UX/UI 시장이기에 앞으로도 더 많은 부가가치를 창출할 기회가 있다고 보는 것이다.

남들이 놓친 시장의 빈 틈을 찾아내라

시장 공략의 밑작업으로 시작한 것이 UX/UI 강의다. 온라인으로 수강생을 모으고, 오프라인에서 강의를 진행하고 있다. 새로운 사람을 만나는 것을 좋아하고, 대중 앞에서 설명하는 것도 좋아하는 자신의 성향과도 잘 맞았다. 강의에 대한 반응은 매우 좋다. 앱 스타트업 CEO 교육 부분에서 1위를 차지할 정도. 크몽 후기의 상당 부분이 UX/UI 부분에서 올라온다. 만족도 지수는 5.0 만점이다.

'만점 후기'를 쌓기까지 가장 힘들었던 것은 다름 아닌 '멘탈 관리'다. 특히 초창기에는 '알아서 해주세요'라는 식의 요구를 받을 때마다 가슴이 답답했다. 어떤 서비스를 만들고 싶은지에 대해 명확한 정의가 없는 상태에서 '돈 줄 테니 만들어줘'라는 식의 접근이 사람을 피곤하게 했다. 게다가 주말과 새벽을 가리지 않고 쏟아내는 수정 요청에 휘둘리다 보면 때때로 번−아웃이 찾아왔다.

지금은? 지금은 달라졌다. 입장을 바꿔 놓고 생각해 보니, 큰돈을 내놓고 무작정 기다려야 하는 의뢰인의 심정이 이해됐기 때문이다. 그런 의뢰인을 위해 존재하는 것이 [UX기획자 제이크]라는 생각이 들었다. 초심으로 돌아간 것이다.

생각이 바뀌면 행동이 달라진다던가. 문제가 보이면 해결책을 찾아내는 것이 제이크의 주특기다. 곧바로 대책을 세웠다. 의뢰인을 바꿀 수 없다면 자신을 바꿔야 한다는 생각이 출발점이었다. 그가 만든 대책은 3가지. 우선 의뢰인의 조급함을 해소할 내부 프로세스를 만들었다. 일이 어떤 식으로 진행되고, 작업에 필요한 최소한의 시간과 난이도 등을 문서로 작성해 공유했다. 두 번째 대책은 상담 시간을 충분히 할애하는 것. 모든 두려움은 알지 못하는 데서 오는 것인 만큼 의뢰인의 궁금증이 해소될 때까지 공을 들여 충분히 설명했다. 마지막은 어떻게든 좋은 결과를 제공하는 것. 결과로 과정을 증명하는 것이 모든 일의 최종 솔루션임은 두 번 말할 필요가 없는 영역이다.

제이크의 새로운 대응은 의뢰인들의 마음을 사로잡았다. 특히 충분한 상담 시간을 할애한 것은 서로의 입장과 역할을 더 잘 이해할 수 있는 계기가 됐다. 의뢰인이 막연히 던진 말도 허투루 지나치지 않았다. 사례를 들어가며 차이점을 설명하고, 그 차이점을 구현하기 위해 어떤 준비를 해야 하는지 함께 고민했다. 일을 주고받는 관계에서 신뢰를 주고받는 관계로 발전시킨 것이다.

신뢰가 쌓인 사람에게 야박한 평점을 주거나 악의적인 후기를 올리는 사람이 있을까? 제이크의 평점과 후기는 이와 같이 고객과의 신뢰를 두텁게 만드는 과정을 통해 차곡차곡 쌓아 올린 소중한 결과물이었다.

후기는 핵심 자산이요, 미래를 위한 투자다

제이크는 '좋은 후기는 평생을 따라오는 훌륭한 자산'임을 인터뷰 내내 되풀이 강조했다. 광고비 100만 원은 잠시 휘발성 효과를 가져온다. 하지만 수백, 수천 건에 이르는 좋은 후기는 광고비 몇 푼에 비할 수 없는 효과를 가져다준다. 그것도 이 직업을 수행하는 내내 지속적으로.

제이크의 이러한 접근은 크몽이 비대면 서비스 거래 플랫폼이라는 점을 고려할 때 상당한 설득력을 갖는다. IT 개발이라는 상품을 몇 개로 쪼갰다고 해도 한 부분의 의뢰 금액은 최소 몇 백만 원이 보통이다. 이러한 결정을 1시간 남짓한 상담만으로 요구하기란 쉽지 않다. 따라서 이러한 심리적 저항감을 낮춰 주는 장치가 필요한데, 가장 효과적인 수단이 바로 먼저 의뢰한 사람들이 남긴 좋은 후기와 평점이다. 그가 재능 마켓에 입문하려는 사람이라면 상당한 양의 후기가 쌓일 때까지 이익을 먼저 생각하면 안 된다고 강조하는 이유다.

제이크는 크몽의 판매 수수료 또한 일종의 광고비로 해석한다. 100만 원짜리 의뢰에 대한 수수료 20만 원을 '소모성 비용'이 아니라, 평생을 따라올 좋은 후기를 얻게 해주는 일종의 '투자'로 보는 것이다.

조만간 제이크는 의뢰인들의 다양한 요구를 충족시키면서 얻은 영감을 바탕으로 세상을 열광시킬 만한 서비스를 개발할 계획이다.

그에 따른 기획과 준비에도 박차를 가하고 있다. 실패하면? 그래도 자신에게 남길 멋진 후기 하나는 더 생기지 않겠냐고 답변한다.

정말로 못 말리는 후기 애호가다. ☻

호락호락한 세상은 존재하지 않는다!

3D 영상 제작전문가 / Designer Cooker(김민석)

디자인 요리사?, 디자이너 요리사?

[Designer Cooker]는 광주 출신으로 크몽에서 5년째 활동 중인 김민석 씨(29세)의 아이디다. 전라도 광주에서 태어나 초중고를 졸업하고, 지방 국립대의 멀티미디어학과를 졸업했다. 그의 3D 그래픽, 컴퓨터 애니메이션 제작 능력은 따지자면 전공학과의 결과물인 셈이다.

그래픽 디자인은 손품을 많이 들일수록 완성도가 높아진다. 컴퓨터 프로그램과 관련된 다양한 지식이 필요하고, 3D 입체감을 표현하려면 X축, Y축에 더해 Z축을 추가로 계산해 내는 수학적 능력도 요구된다. 화면의 역동성을 만들어내야 하기 때문이다.

모든 일의 계기는
작은 경험에서 시작된다

결과물이 창조적으로 느껴질 뿐 제작 과정은 막노동에 가깝다. 그래 픽 디자인이나 3D 애니메이션 제작에 높은 비용이 책정되는 이유다. 보는 사람에게 강력한 시각 효과를 줄 수 있음에도 많은 기업들이 쉽게 채택하지 못하는 이유도 비용 때문인 경우가 많다.

[Designer Cooker] 김민석 씨는 대학교 3학년 때인 2018년부터 3D 영상을 만들어주는 일로 학비를 벌었다. 바로 크몽을 통해서다. 축제에 쓰일 동아리 홍보 영상을 만든 게 크몽에 입문한 계기가 됐다. 3분 길이 동아리 소개 영상 속에 삽입된 30초짜리 3D 애니메이션이 그의 첫 작품. 동아리 이름인 'URIM'의 알파벳이 역동적으로 움직이도록 만들었다. 알파벳 U가 휙! 움직이면서 등장하면, 알파벳 R이 빗각으로 엇갈리며 화면에 나타난다. 이어 I와 M 또한 강력한 빛을 발하며 날아들고, 이내 네 개의 알파벳이 현란하게 움직이는 애니메이션 영상이다. 여기에 더해지는 경쾌한 사운드. 끝부분에는 '영상 제작 동아리 URIM이 당신을 초대합니다!'라는 메시지가 등장한다.

이 작품은 사람들의 박수를 받았고, 동아리 친구의 한마디가 칭찬 뒤에 더해졌다.

"우와, 이 영상 팔아도 되겠다!"

친구의 이 말 한마디가 김민석 씨의 머리를 '띵!' 하고 울렸다.

'영상을 판다고? 어디에? 어떻게?'

3D 영상으로 돈을 벌 수 있는 길을 찾아보자는 화두를 붙잡고 검색을 거듭하다가 발견한 것이 '크몽'이다. 애초 기대와 달랐던 것은 한 가지. '내가 만든 영상'을 파는 게 아니라 '의뢰받은 영상을 제작해서 납품'하는 방식이라는 점이다. 거래할 대상은 '3D 영상을 만드는 능력'이다. 재능이 팔려야 그 거래의 결과물로서 3D 영상 작품이 존재했다.

처음 크몽에 전문가로 등록할 때만 해도 내심 기대가 없지는 않았다. 처음부터 큰 돈을 벌겠다는 욕심까진 없었지만, 스스로 돈을 벌어 보고 싶다는 의욕만은 충분했던 때였으니.

그러나 현실은 냉혹했다. 정성스레 상세페이지를 만들어 전문가 등록을 했건만 두 달이 넘도록 단 한 건의 의뢰조차 없었다. 나중에는 등록한 아이디마저 까먹을 정도였다.

그러던 어느 날, 무심코 크몽에 로그인을 했다가 깜짝 놀랐다. 그 사이에 세 건의 작업 의뢰가 들어와 있었기 때문이다. 혹시나 하는 마음으로 연락을 했고, 그 대화를 계기로 덜컥 첫 의뢰를 받았다. 한 중소기업으로부터 사내 행사용으로 쓸 3D 영상을 만들어 달라는 요청을 받게 되었다.

작업을 마치는 데 2주 정도가 걸렸다. 첫 작업인 터라 자기 검열이 심했던 탓이다. 다행히 의뢰 업체의 반응은 좋았다. 대가로 받은 돈이 자신에게 준 임팩트도 컸다. 2주 일하고 받은 돈이 30만 원. 평소 한 달 용돈의 절반이 넘는 액수였다. 감회가 남달랐다.

'아, 시장이 있구나. 수요가 있구나!'

후회가 없다고 해서
위기도 없는 건 아니다

첫 의뢰를 계기로 대학생 김민석은 깨달음을 얻었다. 평소 용돈의 절반이 넘는 돈을 벌어준 금융 치료(?)의 효과는 컸다. 이때부터 그는 본격적으로 재능 마켓에 뛰어들게 됐다. 상세페이지를 가다듬고, 가격 체계도 새로 만들었다. 30초 영상을 기준으로 기본 비용을 책정하고, 시간이 늘거나 특수효과가 추가될 때의 옵션 등을 정리해서 상품 구성을 새로 했다.

전문가로 등록한 만큼 나름의 목표도 세웠다. 거창한 건 아니다. 매달 50만 원 정도를 버는 것. 대학생 신분으로 적지 않은 용돈이었고, 부모님께 손을 벌리지 않을 정도면 족하다는 판단에 세운 목표다.

이 초기 목표는 한 달도 안 돼서 폐기됐다. 잘 안돼서가 아니다. 되려 일이 잘된 탓에 폐기됐다. 당초 50만 원이 목표였는데 150만 원이 넘게 벌렸다. 6개월 정도 지나자 200만 원도 넘어섰다. 부모님께 손 벌릴 일 자체가 없어졌다. 덕분에 4학년 등록금은 스스로 번 돈으로 낼 수 있었다.

졸업 후 진로도 이때 결정됐다. 입학할 때는 졸업 후에 영화사나 게임 회사에 취직할 생각이었다. 그런데 직접 돈을 벌다 보니 진로가 달라졌다. 아무런 연고가 없는 서울에서 직장 생활을 하는 것보다 부모님 곁에 있는 것이 더 낫겠다 싶었다. 아버지는 퇴직을 앞둔 시점이었고, 어머니 역시 피아노 학원을 계속 운영하는 게 힘겨워 보였던 때다. 무엇보다 한 달 수입이 500만 원까지 늘어난 것이 전업 프리랜서로 진로를 결정한 가장 큰 이유다.

그렇게 결정한 삶의 행로에 아직 후회는 없다. 물론 직장 생활에 대한 동경이 아주 없진 않다. 하지만 홀로 모든 것을 결정할 수 있는 프리랜서의 삶도 충분히 만족스럽다. 프리랜서의 삶 또한 치열한 경쟁이고, 닥치는 위기를 스스로 극복해 가는 것도 나름의 의미가 있다고 믿기 때문이다.

오해는 말자. 결정에 후회가 없다고 해서 위기가 없었던 건 아니니까. 첫 번째 위기는 졸업과 동시에 찾아왔다. 가격은 저렴한데 결과물이 좋다는 소문이 나기 시작한 게 발단이었다. 납품에 만족한 의뢰 업체가 다른 업체를 소개해 주면서 일거리가 쏟아지기 시작했다. 젊었고, 돈 욕심도 많았던 탓에 들어오는 의뢰를 몽땅 수락했다.

2~3일이면 소화할 수 있는 일은 당연하고, 1달 이상 소요되는 작업까지 모두 끌어안았다. 납기를 맞추기 위해 철야 작업이 늘어난 것은 당연했다. 이틀 동안 고작 3시간 눈 붙이고 일어나서 다시 밤을 새워 작업하는 일이 반복됐다.

결국 번-아웃(Burn-out)이 왔다. 몸은 지치고 멘탈도 무너졌다. 욕심이 화를 부른 것이다. 영상의 퀄리티가 떨어진 게 무엇보다 큰 문제였다. 납기를 맞추는데 급급하면서 생긴 부작용이다. 위기가 찾아왔다.

해결책은 하나였다. 무조건 일을 줄이는 것! 답은 알겠는데 그러기는 싫었다. 수입이 줄어드는 것도 문제지만, 일을 줄이는 결정 자체가 왠지 모르게 자신이 '일에 지는' 느낌이 들었기 때문이다. 그래서 생긴 고민은 하나.

'일을 줄이지 않고도 퀄리티를 유지하는 방법이 없을까?'

일의 효율을 높이는
최고의 방법은 '작업 설계'

민석 씨가 찾아낸 해법은 작업의 효율성을 높이는 것. 그렇다면 효율성을 높이는 방법은 무엇일까? 고민 끝에 생각해낸 방법이 바로 '작업 설계'다. 예전에는 작업을 하면서 아이디어를 찾는 방식을 썼다면, 새로운 방식은 먼저 아이디어 구상을 마친 후 작업에 착수하는 방식이다.

의뢰를 받으면 인트로부터 엔딩까지 핵심 장면을 먼저 설계한다.

그 설계를 바탕으로 '작업 계획서'를 만든다. 번거로운 일이지만 꼭 해야 하는 과정이라고 판단했다. 그래서 작업 계획서가 완성되기 전까지는 아예 마우스를 손에 잡지 않았다.

그렇게 작업 계획서를 작성하는 습관이 몸에 붙으면서 디테일이 생겼다. 처음에는 아이디어에 대한 간단한 메모 정도로 시작했는데, 장면별 효과 목록이 추가되면서 차츰 촘촘한 세부 계획서 형태를 갖추게 되었다.

이 방법의 효과는 탁월했다. 작업의 효율성이 높아진 것이다. 장면별로 작성된 세부 리스트가 있으니 일에 속도가 붙었다. 중간 중간 수정이나 보수 작업이 끼어 들어도 다시 작업에 몰입하는 시간이 극도로 짧아졌다. 작업 관리의 효율이 시간 관리로 이어졌다.

시간을 효율적으로 쓸 수 있게 되면서 여유가 생겼고, 작품의 퀄리티를 더 챙길 수 있게 되었다. 나중에는 마우스와 키보드를 조작하는 시간마저 아낄 수 있었다.

'아, 작업의 양이 문제가 아니라 역량과 효율이 문제였구나….'

고민하던 문제가 해결되면서 다시 자신감이 붙었다. 더 적극적으로 의뢰를 받았다. '가성비와 퀄리티가 좋다'는 후기도 더 많이 쌓였다.

작업 물량이 물리적으로 처리 가능한 한계를 넘어서자 의뢰 비용을 높였다. 그래도 일이 이어졌다. 수입은 저절로 늘었다. 한 달에 1천만 원 넘게 버는 기간이 2년 남짓 계속됐다. 전업 프리랜서로 자리를 굳힌 셈이다.

무뚝뚝한 성격도 변했다. 예전에는 오래 본 사람이 아니면 가벼운 대화조차 주고받지 못했다. 이제는 처음 만난 사람과도 어색하지 않게 오랜 시간 대화를 나눌 수 있게 되었다. 스스로는 '살아남기 위한 변신'이라고 표현한다. 친절해야만 상대방의 마음을 얻을 수 있고, 오늘 만난 사람의 마음을 얻을 수 있어야 또 다른 인연이 이어진다는 사실을 몸으로 익히게 되었다.

필요에 의한 행동이라지만 친절함이 처음부터 쉽게 몸에 붙진 않았다. 무뚝뚝한 성격 역시 한순간에 형성된 것이 아니기 때문이다. 김민석 씨는 자신의 변신에 작업 후기의 역할이 컸다고 말한다. '섬세하다', '소통이 잘 된다'는 후기들이 많았던 까닭이다. 스스로 변하고자 했던 자신의 노력이 헛되지 않았음을 의뢰인들이 리뷰 글로 응원하고 증명해준 셈이다.

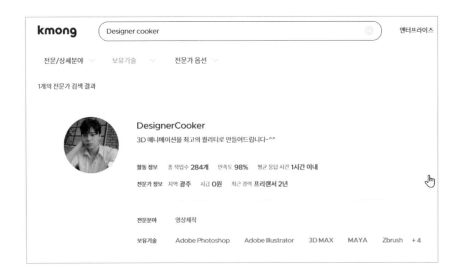

안주하는 순간,
도태가 시작된다

그의 변신 또한 시행착오는 있었다. 한 의뢰인의 소개를 받아 연락했다는 사람과 통화를 하고 개인 메신저를 통해 수주를 받은 적이 있는데 이게 문제가 되었다. 누군가의 소개로 연락이 왔더라도 수주 거래 진행은 크몽 시스템을 통해 진행해야 하는데, 이를 간과하게 된 것이다.

크몽 정책 위반에 따른 패널티로 2개월간 계정 활동 정지 처분을 받았다. 카테고리 상위를 차지하던 아이디가 하루아침에 사라져버렸다. 단골이 검색해도 아이디가 나타나지 않았다. 충격은 컸다. 당연하다고 여기던 공기가 사라진 느낌이 이런 걸까…. 당장 못 벌게 된 돈이 얼마냐의 문제가 아니었다. 앞으로가 문제였다.

'이제 어디에서, 누구에게 의뢰를 받지?'

한바탕 홍역을 치르면서 민석 씨는 플랫폼의 소중함을 깨달았다. 전문가 등록을 할 때 눈여겨봤어야 할 정책 안내를 간과한 것이 자신이었기에 남을 탓할 수도 없었다. 의뢰로 맺어진 인연뿐만 아니라 그 인연을 이어준 플랫폼도 소중히 여겨야 한다는 게 이때 얻은 교훈이다.

강제로 주어진 2개월의 휴식 시간. 그 시간이 자신을 가다듬는 계기가 됐다. 몸과 마음을 추스르는 재충전의 시간으로 활용하는 한편, 쓸 수 있는 모든 시간을 디자인 공부에 할애했다. 안목을 높이기 위해서다. 그래픽 디자이너에게 안목이란, 작업 전체를 아우르는 통찰력이다. 통찰력이 있어야 정확한 메시지를 담아 영상에 구현할 수 있다. 그래서 통찰력을 높이는 노력은 모든 디자이너에게 주어진 평생의 과제다. 민석 씨는 그동안 일에 치인다는 핑계로 디자이너의 기본을 소홀히 했음을 깨달았다. 강제로 주어진 휴식 시간을 달갑게 받아들인 이유다.

마음이 달라지면 보이는 것도 달라지는 법일까? 다른 디자이너의 작품들을 찾아보면서 느끼는 바가 예전과 달랐다. 영감도 많이 얻었고, 새로운 기법도 눈에 곧잘 들어왔다.

'전화위복(轉禍爲福)'

플랫폼으로부터의 징계는 그가 스스로 자신을 고용한 전업 프리랜서임을 각성하는 계기가 됐다. 의뢰인의 기대수준은 점차 높아지는 것은 둘째치고, 인공지능(AI)을 활용한 영상이 넘치는 세상이 도래했음을 실감한 것이다.

"끊임없이 자기 실력을 의심해야 합니다. 프리랜서로 살아가려면 매일같이 실력을 갈고 닦아야죠. 그래야 살아남을 수 있어요. 적당히요? 에이, 그렇게 살아남을 수 있는 세상이 어디 있어요. 시간과 열정을 갈아 넣어도 될동말동할 텐데…."

김민석 씨는 지난 4월, 크몽 전문가 아이디를 그동안 썼던 [MS-Graphic]에서 [Designer Cooker]로 바꾸었다. 좋은 재료를 가져오면 맛있는 영상으로 보답하겠다는 의지를 담은 새 이름이다.

이제 프리랜서도 자기 브랜딩이 필수인 시대다. ☺

어느 때라도
살아남는 자가 강하다

성우전문가 / 박시후

성우는 목소리로 연기를 하는 사람이다. 목소리가 좋다는 것은 다소 유리한 조건일 뿐 목소리가 좋다고 모두가 성우가 되는 것은 아니다. 상황에 맞게, 캐릭터에 맞게 연기를 할 수 있어야 한다. 강도를 만난 노인의 위급함을 목소리만으로 전달할 수 있어야 하고,

아빠에게 용돈을 조르는 초등학생 역할도 소화할 수 있어야 한다. 듣기 좋은 목소리를 가진 사람의 직업이 아니라 목소리로 연기할 수 있는 사람의 직업인 것이다.

성우는 목소리로 연기할 수 있는 사람의 직업이다

우리나라에서 성우는 소위 '방송국 공채'를 통해 입문하는 경우가 대부분이었다. 'KBS 성우 몇 기', 'MBC 성우 몇 기' 등 입사 순서에 따라 내부 서열도 확실하다. 외국 드라마나 영화의 더빙 수요가 한창일 때는 꽤 안정적인 직업 중 하나였지만 지금은 상황이 많이 변했다.

지금의 성우는 프리랜서의 대표적인 영역이다. 누구나 재능만 있으면 성우로 활동할 수 있고, 의뢰를 받을 수만 있으면 누구나 돈을 벌 수 있는 무한경쟁의 전쟁터다. 사정이 이렇다 보니 현재 크몽에서 성우전문가로 활동하고 있는 사람만 1천 명이 넘는다.

이같이 치열한 경쟁 속에서 방송국 출신도 아니고 외국 드라마나 영화 더빙 경력도 별로 없는데도 불구하고 탑 클래스를 차지하고 있는 사람이 있다. 바로 성우, 박시후 씨(31세)다.

누적 의뢰 수 1,639건, 만족도 100%, 리뷰 수만 1천 건이 넘는다. 수입을 살펴보면 적을 때는 한 달에 200~300만 원, 많을 때는 700만 원 이상. 보는 사람에 따라 많을 수도 있고 적을 수도 있는 액수이다. 그러나 박시후 씨 입장에서는 매우 소중하고도 큰 돈이다.

그의 표현에 따르면 '평생 하고 싶은 부업'일 정도다.

그가 성우 활동을 '직업'이 아닌 '부업'이라고 표현하는 데는 이유가 있다. 본업이 뮤지컬 배우이기 때문이다. 단국대학교 뮤지컬학과를 졸업한 박시후 씨는 벌써 5년째 뮤지컬 배우의 길을 걷고 있다. 최근까지 '스위니 토드'라는 작품의 '스윙' 역할로 잠실 샤롯데씨어터에서 공연을 했다.

그가 크몽의 성우전문가로서 활동을 소중히 여기는 이유가 여기에 있다. 뮤지컬 배우 수입만으로는 안정적인 생활을 영위하기가 만만치 않기 때문이다. 뮤지컬 공연이 잡히면 연습 기간이나 공연 중에는 어느 정도 수입이 생기지만, 그 외 기간엔 수입이 거의 없다. 그나마 그 '수입'이란 것도 작품에 캐스팅되어야 가능할 뿐 캐스팅되지 않으면 동네 백수와 다름없다. 대중에게 알려져 고액의 출연료를 받기 전까지 모든 배우는 백수와 임시직(?)을 오가는 삶을 견뎌내야 한다. 그게 현실이다. 그래서 상당수의 배우, 예술인에게 부업과 아르바이트는 선택이 아닌 필수항목이 된 지 오래다. 건설 현장이나 택배회사, 편의점, 카페 등에서 일해 본 경험이 있는 배우를 찾는 게 어렵지 않은 이유다.

그나마 박시후 씨는 대학 시절부터 뮤지컬학과 특성을 살린 아르바이트를 많이 할 수 있었다. 춤과 노래, 사람들 앞에 나서는 일이라면 사양치 않았다. 결혼식 축가나 각종 행사의 사회를 보면서 용돈을 벌었다. 그 배경에는 이벤트 회사를 운영하는 대학 선배의 도움이 컸다.

얼떨결에 성우로 입문한 것도 그 선배 덕분이다. 이벤트 회사가 보유한 음향 장비로 돈을 벌 궁리를 하던 선배가 'ARS 음성 안내 메시지' 용역을 따왔는데, 녹음 작업을 박시후 씨가 했다. 타고난 중후한 음색과 단련된 발성, 빼먹지 않는 발음 연습. 그것들이 어우러져 남다른 전달력이 돋보이는 목소리의 주인공이 됐다. 녹음 결과물은 나쁘지 않았고 선배와 의뢰인은 만족했다. 선배가 직접 크몽을 소개하며 성우로 활동해 보라고 권한 것도 이때다.

크몽에 전문가 프로필을 등록한 후 아르바이트를 통해 받은 30만 원에 쌈짓돈 10만 원을 보태 마이크와 녹음 프로그램을 샀다. 이때부터 성우라는 부업이 시작됐다.

본업을 지속할 수 있게 해준
버팀목, 성우 활동

첫 의뢰를 받은 건 2018년 9월 4일이다. 아직도 날짜를 또렷이 기억한다. 재능 마켓에 전문가로 등록한 지 딱 2주 만의 일이다. 첫 의뢰비는 2만 원. A4 1장 분량의 대본을 보고 영상에 맞춰 읽어주는 데 꼬박 4시간이 걸렸다. 들인 시간에 비해 번 돈은 작았다. 하지만 의미가 있었다. 뮤지컬 배우로서 갈고 닦은 기본기가 돈이 되는 경험이 그를 흥분시킨 것이다.

처음에는 어색했다. 녹음된 자기 목소리를 들어본 사람이면 누구나 겪는 어색함은 그도 피할 수 없었다. 그 어색함은 몇 번의 작업을 거치면서 금세 사라졌다. 녹음된 목소리를 듣는 민망함보다 돈 버는 재미가 더 컸던 모양이다.

의뢰가 오면 즉각적으로 응했다. 수정 요청에는 더 민감하게 반응했다. 수시로 올리는 SNS 메시지는 물론이고 한밤중에 오는 전화도 거절하지 않았다. 의뢰를 맡긴 사람의 다급함을 신속히 해결해주는 것이 자신이 할 수 있는 최선의 서비스라는 생각에서다. 그런 행동이 꾸준히 이어지자 서서히 좋은 후기가 쌓이기 시작했다. '빠른 응답', '친절'이라는 단어가 후기에 자주 등장하면서 일감도 빠르게 늘었다.

한 달 의뢰가 100건이 넘으면서 자취방 근처에 작업실을 얻었다. 장비와 S/W도 업그레이드했다. 녹음 작업은 이제 즐기는 수준이 됐다. 4시간이나 걸리던 녹음 시간도 지금은 1시간 이내로 줄었다. 그 사이 돈 버는 재미도 커졌다. 2만 원짜리 일이라도 100건이면 200만 원의 수입이 생기기 때문이다.

덕분에 서울 봉천동 자취 생활은 활기가 돌았다. 무엇보다 돈 때문에 배우 생활을 포기하지 않게 된 점이 가장 좋았다. 사실 동료나 선후배 중에서 연기와 노래에 대한 열정이 고갈되어 그만두는 사람은 없었다. 그보다는 나이가 들고, 가정을 꾸리면서 겪게 되는 생활고 때문에 꿈을 접는 이가 많았다.

좋아하는 것을 오래 할 수 있게 하는 힘, 꿈을 이룰 수 있는 언젠가를 기다리며 버틸 수 있게 하는 힘. 그것이 최소한의 경제력이라면 박시후 씨는 크몽에서 꿈을 향해 나아갈 수 있는 동력을 찾은 셈이다.

한 달에 50시간 이상의 녹음 작업은 본업인 뮤지컬 배우와 궁합이 맞았다. 오디션을 볼 때면 감독으로부터 "발성 좋고, 발음도 좋네!"라는 칭찬까지 받곤 한다. 작품 캐스팅에 있어 남들보다 유리한 무기가 생긴 셈이다.

아무리 그래도 하루에 소화할 수 있는 작업량을 늘리는 건 한계가 있었다. 어쩔 수 없이 가격을 올렸다. 처음 2만 원에서 3만 원으로, 나중에는 5만 원까지 올렸다. 다행히 의뢰는 줄지 않았고, 똑같은 시간을 일하고도 버는 돈은 늘었다. 단골도 생겼고, 시리즈 녹음도 의뢰를 받았다. 덕분에 1년 중 몇 달은 700만 원 이상을 벌기도 한다. 뮤지컬 준비 기간이나 공연 중에는 일을 줄이고, 공백기에는 새벽까지 성우 작업에 몰입하는 패턴으로 5년째 살고 있다. 그동안 크몽을 통해 처리한 작업 수는 2023년 9월 현재 1,670건이 넘는다. 그에 대한 글을 쓰는 지금도 계속해서 쌓이는 중이다.

누구나 시작할 순 있지만, 아무나 성공할 순 없다

박시후 씨의 부업 성공기는 주변 사람들을 자극했다. 주변 친한 친구들은 "돈 쉽게 버네"라며 부러워했다. 사실이기도 하고 떳떳하게 번 돈이라 부인할 생각도 없다. 그렇지만 비싸게 받는다는 말은 사양한다. 최소 1시간은 집중해야 하고, 수정 녹음도 피할 수 없는 일이다. 게다가 영상마다 요구하는 톤이 다르고, 한 가지 목소리로만 작업할 수도 없다. 영상마다 원하는 분위기가 다르다. 이런 요구들을 맞추는 것은 나름 섬세한 작업인 것이다.

동료 중에는 뒤늦게 크몽에 입문한 사람도 꽤 있었다. 박시후 씨처럼 부업이 필요한 사람들이다. 그러나 그들 모두가 성공하지는 못했다. 아니, 성공은커녕 어느 정도 자리 잡은 사람도 드물다.

성우 카테고리에 신규로 진입한 전문가의 한 달 의뢰는 불과 1~2건. 그렇게 해서 버는 돈이 겨우 2~4만 원. 생각한 만큼 벌이가 안 되니까 중간에 그만두는 사람이 태반이다. 게다가 성우전문가로 등록하는 사람들이 엄청나게 늘어났다. 박시후 씨가 시작할 때만 해도 40명 정도였다. 그런데 지금은 성우 카테고리에 등록한 전문가 수가 무려 1천 명이 넘는다. 진입 장벽이 낮은 탓에 경쟁이 더 치열해졌다.

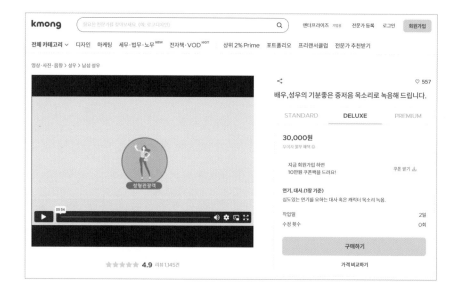

경쟁이 심하다 보니, 신규 성우는 한 건에 5천 원을 받고 작업을 해주는 경우가 많다. 크몽에서 잠재 고객의 눈에 띄려면 무엇보다 '좋은 후기'를 많이 쌓아야 하는 까닭이다. 이제 성우전문가는 오래 버텨야만 성공을 기대할 수 있는 영역이 된 것으로 보인다. 박시후 씨 스스로 "좋은 타이밍에 남들보다 빨리 시작한 것이 유일한 성공 비법"이라고 말하는 것도 이 때문이다.

매일같이 경쟁이 치열해지는 와중에도 한 달에 50~70건 이상 의뢰를 받는다. 그동안 2천 건 가까운 의뢰를 소화하는 과정에서 만난 의뢰인 중에 그를 '믿고 맡길 수 있는 성우'로 판단한 업체가 늘어난 덕분이다. 초창기부터 지금까지 100건 넘게 거래하는 곳도 있다. 수차례 작업을 하면서 생긴 신뢰와 호흡이 후속 의뢰를 이끌어 주는 동력으로 작용한 듯하다.

크몽에서 성우전문가로 활동을 시작하는데 있어 가장 필요한 것은 '긴 호흡'이라고 그는 힘주어 말한다. 예전과 달리 1~2년 전부터는 단기간에 성우전문가로 자리를 잡는 경우는 거의 없기 때문이다. 한 달에 1건도 의뢰를 받지 못하는 경우가 수백 명에 달한다. 단기간에 성공하기란 불가능하다고 봐야 한다는 말이다. 신규 성우가 최소 금액으로 시작하는 것은 불가피하다고 보는 이유다.

"요즘에 뭐든 시작하자마자 바로 돈을 버는 일이 어디 흔한가요? 평생 할 일이니까, 지금은 경험을 쌓는 게 중요하다는 생각으로 접근해야 조금이나마 오래 버틸 수 있을 겁니다."

AI 시대에도
살아남는 성우는 있다

박시후 씨는 크몽의 '루키 시스템'을 적극 활용해 보라고 추천한다. 1주일 광고비로 9,900원을 받고 상위에 노출해 주는 시스템이다. 이 시스템을 잘 활용하면 첫 거래 확보는 물론이고 초기 진입에 유용할 것이란 얘기다. 의뢰인에게 최선을 다해서 좋은 평점과 후기를 받아내는 것은 카테고리를 가릴 것 없이 크몽의 모든 전문가에게 요구되는 공공연한 성공 비결이다!

그는 지금 자신이 누리는 행운이 앞으로도 계속 이어지기는 어려울 것으로 전망하고 있다. 지금 정도의 일이 꾸준히 주어지면 좋겠지만 그 소망이 현실로 이어질 가능성이 크지 않다고 보는 듯하다. 오늘 일이 있다고 해서 내일도 일이 생긴다는 보장이 없기 때문이다. 그것이 프리랜서의 숙명이다. 게다가 지금은 다양한 인공지능(AI)이 이미 성우 영역을 잠식하고 있다는 점도 미래 전망을 어둡게 하는 요소다.

그렇다고 성우라는 직업이 아예 사라질 것으로 보지는 않는다. 아직 인공지능 성우의 감정 표현력에는 한계가 있다는 것이 그의 견해다.

"아주 기본적인 내레이션 정도면 모를까, 감성적인 광고나 톡톡 튀는 제품 설명은 인공지능이 쉽게 대신하지 못할 겁니다. 모든 스토리는 감정을 담아 연기를 해야 하거든요. 소리에 감정을 담아내는 것, 그것은 사람만이 할 수 있는 일이잖아요."

박시후 씨는 앞으로는 더 단단한 발성과 호흡을 가진 사람, 귀로 들어도 눈으로 보는 것 같은 연기력을 갖춘 소수만이 성우 영역에서 살아남을 것이라 보고 있다. 그렇기에 남들보다 더 진지하게 의뢰를 대하고 있다. 모든 순간이 실전이기 때문이다.

어느 때라도 방심은 금물이다. 오로지 살아남기 위해서. 본업이든, 부업이든 기필코 살아남기 위해서….

박시후 씨가 오늘도 발성과 발음 연습을 빼먹지 않는 것도 바로 이 때문이다. ☺

성실함과 친절함이
유일한 성공비결

제품 사진 촬영전문가 / 그랑팩토리 G팀장

크몽에서 [그랑팩토리]라는 아이디로 활동중인 G팀장(42세)은 제품 사진 촬영을 전문 영역으로 삼고 있다. 그런데 그의 전공은 사진이 아니다. 중국어를 전공했고, 학부 시절도 사진과는 별 관련이 없었다. 사진기술보다는 사람을 상대하는 영업이나 마케팅 쪽에 관심이 많았다. 첫 직장은 민간항공 대리점의 여객사업부였고, 마지막 직장 또한 웹 마케팅 회사였다. SKT, KT, LG의 고객 서비스 부분의 온라인 마케팅을 담당했었다.

그랬던 그가 취미로 사진을 시작하게 된 시점은 2010년쯤. 웹 마케팅 회사의 상사와 불편한 관계에서 스트레스가 쌓이기 시작할 무렵이다. 기분을 풀려고 주말마다 야외로 나가는 시간이 늘면서 자연스럽게 카메라를 잡게 됐다.

어느 시장이든
고객 발굴이 문제다

G팀장이 전문적으로 사진 작업을 시작하게 된 계기는 스물아홉 나이에 창업했던 온라인 쇼핑몰이 망하면서부터다. 오프라인 매장을 여럿 거느린 의류 회사의 온라인 판권을 사서 시작한 쇼핑몰인데 수익을 내기가 만만치 않았다. 무엇보다 온라인 매출이 오프라인 매장의 매출을 침해한다고 판단한 매장 점주들의 원성과 항의가 결정적인 걸림돌이었다.

'인건비도 제대로 못 버는데 괜한 욕까지 먹어야 하나….'

온라인 쇼핑몰을 접고 진로를 고민하던 그는 취미로 하던 사진 촬영을 직업으로 가져보자는 생각을 했다. 자신이 있어서가 아니라 '해보면 어떨까?' 하는 마음이 더 컸다.

시작은 인물 사진이었다. 프로필 촬영이 주였다. 문제는 의뢰인이자 모델이 원하는 결과물을 내놓는 일이 좀처럼 만만치 않았다는 점. 촬영하는 작가의 의도와 결과물을 받아 본 고객 간에 시각차가 컸다. 서로가 불만인 작업을 오래 할 수는 없는 일. 결국 인물 사진보다 제품 광고 촬영 쪽으로 방향을 바꿨다.

하지만 이 전환도 쉽지 않았다. 무엇보다 고객 발굴이 가장 어려웠다. 블로그 광고나 키워드 광고는 기본이고 여러 회사의 사이트를 뒤져 가며 이메일을 보냈다. 그래봐야 결과는 단발성 수주 몇 건에 그쳤다. 노력은 했지만 수지타산이 맞질 않았다. 강남에 있던 스튜디오를 정리하고 노원으로 옮겼다. 그럼에도 악전고투는 계속됐다.

이때 운명처럼 찾아온 돌파구가 바로 크몽이다. 2018년 겨울, 노원 스튜디오에서 제품 촬영을 하다 잠시 쉬는 시간이었다. 온라인 서핑을 하다가 우연히 발견한 광고 하나. 바로 재능 마켓을 소개하는 크몽 광고였다. 어디에서 손님을 찾아야 할지 막연했던 G팀장은 이 광고에서 희망을 발견했다. 문제는 자신의 실력 역시 검증이 되지 않았다는 점이다. 의뢰인 입장에서 볼 때 도대체 어떤 작가에게 일을 맡길지를 결정하는 것도 상당히 피곤한 일이겠다는 직감이 들었다.

'의뢰인의 선택을 쉽게 만들어 주는 방법은 무엇일까?'

G팀장의 결단은 '가성비' 전략이었다. 싸게, 무조건 저렴하게…. 5천 원도 받고, 1만 원도 받았다. 대신 사진 퀄리티는 최고의 수준으로 제공했다. 상담을 마친 고객이 택배로 제품을 보내오면 곧장 촬영을 시작해서 자정이 될 때까지 쉬지 않고 작업에 몰두했다.

G팀장의 이런 시도와 행동에 대해 주변의 반응은 싸늘했다. 업계에 있는 사람들의 반응이 더욱 심했다.

"크몽? 그거 한다고 돈이 되겠냐?"

"야, 그런 거 하지 마. 우리 업계만 죽이는 일이잖아!"

격려는 없고 비난은 넘쳤다. 재미? 취미일 때는 즐거울지 몰라도 일이 되면 재미를 따질 겨를조차 없어진다. 주위의 따가운 시선보다 처자식을 지켜야 하는 가장으로서의 책임감이 더욱 컸던 시기다.

그렇다고 억지로 해 온 일은 아니다. 피곤했지만 보람이 있었다. 무엇보다 납품한 사진 컷에 대한 의뢰인의 반응이 그의 자존감을 채워줬다. 조명과 배경을 바꿔 가며 고심한 흔적을 의뢰인이 알아줄 때는 짜릿하기까지 했다.

'오천 원 받았다고 오천 원짜리 사진을 찍을 필요는 없다. 내가 할 수 있는 최선의 사진을 찍는다!'

남다른 각오가 생긴 것은 이때부터다.

G팀장의 가성비 우선 전략은 지금까지도 큰 변함이 없다. 앞으로도 유지할 근간이다. "가성비가 좋아요"라는 후기를 볼 때마다 자신의 판단이 틀리지 않았음을 거듭 확인하고 있다.

가격이 낮다고 해서 작품도
싸구려는 아니다

그가 가성비 전략을 견지하는 데는 또 다른 이유가 있다. 자신에 대한 냉정한 평가다. 사진을 전공하고, 평생을 갈고 닦은 전업 작가의 의뢰비가 100만 원이라면 자신은 그보다는 낮은 가격을 책정해야 한다고 본 것이다. 자신감이 없어서가 아니다. 자신보다 더 뛰어난 실력을 보유한 전문가가 얼마든지 존재함을 인정해서다.

그렇지만 고객에 대해 최선을 다하는 자세만큼은 절대 지지 않을 작정이다. 메이저 광고대행사로부터 고가에 의뢰를 받는 작가의 영역이 존재한다면, 중소기업이나 소규모 쇼핑몰의 자금 여력에 부응하는 영역도 분명히 존재한다고 믿기 때문이다. '진정한 자부심이란 의뢰 비용에 달린 것이 아니라 결과물에 대한 고객의 만족도에 달렸다'는 게 그의 기본 철학이다.

[그랑팩토리]의 가성비 전략은 한마디로 고객 감동을 위한 정책이다. 그러기 위해 내세운 모토가 있다. 바로 '신속, 친절, 가성비' 세 가지다.

말이 쉽지 모토를 삼는 것과 그것을 실천하는 것은 또 다른 문제다. '신속'이라는 모토를 구현하려면 고객의 니즈(Needs) 파악이 필수다. 무엇을 원하는지 제대로 알아야 시행착오로 허비되는 시간과 과정을 줄일 수 있기 때문이다. 어떤 종류의 사진을 원하는지, 용도는 무엇인지 등 의뢰인이 추구하는 이미지를 구체적으로 추론해 내는 능력이 필요했다.

이 추론 작업에 동원되는 아이템이 '친절'이다. 꼬치꼬치 캐묻는 것이 전부가 아니다. 의뢰인과 자연스럽게 형성하는 공감 능력이 필요하다. 대화의 주제와 목적이 최선의 작품을 제공하기 위함임을 서로 공감해야 내밀한 이야기를 나눌 수 있기 때문이다. 특히 대부분의 의뢰가 통화나 메신저를 통해 이뤄지다 보니 긴밀한 커뮤니케이션이 생각처럼 쉽지 않다는 점도 친절이 강조되는 이유다.

시행착오도 많았다. G팀장이 크몽에 입문한 초기의 일이다. 통화하고, 메신저로 의사를 주고받아가며 작업을 진행했는데 갑자기 '이쯤에서 그만두자!'는 통보를 받았다. 중간 단계에 받아 본 결과물에 불만족한 의뢰인의 일방적인 결정이었다. 작업 진행 중에 나눈 내용과 중간에 받아 본 결과물 간의 차이가 크다는 게 이유다. 보완 작업을 하겠다는 G팀장의 의사는 단칼에 거부됐다. 잠시 후, 의뢰비의 딱 절반이 입금됐다.

"작업이 중단되고, 의뢰비의 절반을 받았는데 자존심이 많이 상했습니다. 길바닥에 떨어진 남의 돈을 줍는 느낌이 들었어요. 허허."

이 사건을 계기로 일종의 강박 관념이 생겼다. 충분히 소통했다는 것은 자신만의 착각일 수 있다는 생각이 든 것이다. '가급적 많이 물어볼 것', '의뢰인의 의도를 잘 파악할 것'. 의뢰인과 통화할 때마다 스스로 자신을 검열하는 습관까지 생겼다. 1만 원짜리 의뢰 한 건을 진행하는데 40분이 넘게 설명하는 버릇은 바로 이때부터 시작됐다.

그럼에도 G팀장은 이 습관을 버릴 생각이 없다. 어려운 것은 맞지만 포기할 가치가 아니라는 믿음 때문이다.

정작 G팀장이 겪는 어려움은 촬영 작업과 관련된 게 아니다. 그
보다는 사람과 사람이 부대끼면서 생기는 감정 노동이 더 힘들고 어
렵다. 가격이 저렴할 뿐 작가나 작품이 싸구려가 아님에도 가격이
낮다고 함부로 대하려 드는 사람들 때문이다. 평점 갑질, 리뷰 갑질
도 심심치 않게 생겼다. 그래서 모토를 지키는 일이 쉽지가 않다. 그
래서 '진상 고객'이라 불리는 사람들에게 마음의 상처를 입을 때마다
스스로 되뇌는 말이 있다.

"고객은 천차만별이다. 나 스스로 떳떳한지가 중요하다. 그뿐이
다."

무한경쟁에서
살아남는 비법

코로나가 수그러든 지금은 택배를 통한 의뢰보다 방문 촬영이 많아
졌다. 의뢰인이 직접 노원 스튜디오로 제품을 들고 와서 현장에서
합을 맞추는 작업이다. 직접 대면하고 소통하다 보면 확실히 서로
만족할 수준의 작품이 나온다. 그 과정이 즐겁다. 처음에는 방문 촬
영이 상당히 부담스러웠던 게 사실이다. 작업의 처음과 끝을 다 보
여줘야 하는 것은 둘째 문제고 장비나 시설, 촬영하는 자신의 실력
까지 전부 드러내야 한다는 두려움이 컸다.

지금은 그런 두려움을 넘어섰다. 경험이 쌓이면서 생긴 자신감도
있고, 얼굴도 조금씩 두꺼워진 덕이다. 이제는 즐기는 수준이 됐다.

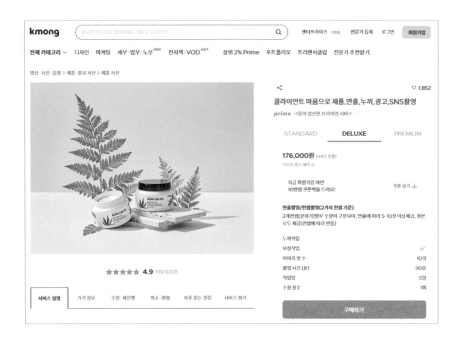

크몽에서 [그랑팩토리]란 아이디로 활동한 지 5년, 사진 일을 시작한 지 13년 만에 안정된 수입이 생겼다. 계절이 바뀔 때마다 찾아오는 시즌 상품이나 발렌타인 데이, 추석이나 설, 크리스마스 같은 특수가 생기면 월급쟁이 시절보다 서너 배가 넘는 수입이 들어온다. 돈에 쪼들리고 치이는 고달픈 삶에서 벗어나게 되었다.

결과적으로 사업을 정리하고 사진으로 방향을 잡은 것은 옳은 결정이 됐다. 그렇다고 전업 프리랜서의 삶이 마냥 행복하지만은 않았다. 무엇보다 두 아이가 자라는 모습을 지켜볼 시간이 거의 없었다. 그의 작업 스타일 때문이다. 낮에는 의뢰인을 상대하고, 촬영은 주로 야간에 집중하다 보니 귀가는 자정을 넘기기 일쑤. 아이들의 잠든 얼굴밖에 볼 수 없는 아빠의 아쉬움은 아직도 면역이 안 되고 있다. 그나마 잠자리 들기 전 아내와 나누는 맥주 한 잔 정도가 유일한 삶의 낙이다.

이러한 아쉬움은 재능 마켓에서 활동하는 동안에는 불가피하다는 게 문제라면 문제다. 직장 생활과 달리 프리랜서는 자신의 일감을 스스로 만들어야 하기 때문이다.

카테고리 내 경쟁이 점점 치열해지는 것 또한 부담감이 커지는 큰 이유다. 초창기에 제품 사진전문가는 40명 정도에 불과했다. 지금은 이 영역만도 전문가로 등록한 사람이 수백 명이 넘는다. 실력도 만만치 않고, 사진을 전공한 사람도 셀 수 없을 정도다. 그들 또한 '더 싸고, 더 빠른' 응대를 표방하고 있다. 특히 요즘에는 인공지능(AI)이 사진 영역을 빠르게 잠식하고 있어 위기감이 더하다. 모든 징후가 주위 환경이 급변하고 있음을 소리치고 있어 잠시도 긴장의 끈을 놓을 수가 없다.

가중되는 경쟁 시대에 G팀장이 선택한 생존 전략은 오직 하나다.

언제나 더 치열할 것!

매너리즘에 빠지는 순간 반드시 도태된다는 것을 누구보다 잘 알고 있는 까닭이다.

크몽에서 사진전문가로 성공하는 비법? G팀장은 딱 한마디로 정리했다.

'친절', '신속', '가성비.'

다른 답은 없다! ☻

안목과 노하우는
원가가 들지 않는다

IT 개발전문가 / 플린앱스

IT 업계에 몸담은 이들의 꿈 가운데는 사용자의 호응을 받는 서비스를 개발해 출시하는 것이 빠지지 않는다. 유튜브, 페이스북, 텔레그램 같은 서비스나 카카오톡, 배달의 민족, 토스와 같은 서비스를 개발해 보는 꿈이다. 이를 위해 수많은 벤처기업과 스타트업 구성원들이 시간과 영혼을 갈아 넣고 있다. 비단 이들 회사뿐 아니다. 자신만의 독특한 아이디어를 기반으로 회사를 설립, 신규 서비스를 준비하는 이들도 많다. 전산 관련 학과를 나와서 직접 코딩이나 화면 설계를 할 수 있으면 유리하겠지만 지금은 프로그래밍을 할 줄 몰라도 되는 시대다. 세상을 바꿀 만한 아이디어가 부족할 뿐, 그 아이디어를 구현해 줄 인프라는 충분하기 때문이다.

얼굴도 안 보고
의뢰를 주고받는 시장

크몽의 [플린앱스]가 그런 인프라 중 하나다. 고객의 아이디어를 구체화하고, 디자인을 입힌 후 코딩과 테스트에 이르기까지 토털 솔루션을 제공하는 전문팀이다. 거점은 대전이고, 현재 팀원은 6명이다. [플린앱스]는 리더 정 모 씨의 영어 이름 '플린'을 따서 '플린이 개발하는 다양한 앱'이라는 의미로 지었다. 리더 플린은 충남대학교 07학번. 정보통신공학을 전공하면서 코딩을 배웠다. 졸업 후에는 대전에 있는 제조업체에 취직해 인프라웨어를 개발하는 소프트웨어 엔지니어로 근무했다. 제조업을 이해하는 코더가 드문 탓에 7년 만에 이직한 곳도 소프트웨어 파트였다.

그가 처음 크몽을 접한 것은 2020년. 불과 3년 전이다. 평소 플린의 코딩 실력을 눈여겨보던 직장 동료가 크몽에서 활동을 권유한 것이 계기다.

그가 동료의 권유를 진지하게 받아들인 것은 직접 크몽 사이트를 돌아보고 나서다. 의뢰하는 사람과 받는 사람 간의 신경전, 소위 '간보는 과정'이 없다는 점이 제일 마음에 들었다.

발주회사와 수주회사 사이에서 난무하는 조작과 신경전이 주는 피곤함을 익히 경험했기 때문이다. 접대는 기본이고 인맥을 통한 로비에다 필요도 없는 제품을 끼워 파는 편법이 난무했다. 인건비 하나만 들여다봐도 고무줄이 따로 없었다. 알고도 속아 주는 발주사가 있는가 하면, 상대가 알고 있어도 거짓말로 버티는 수주사도 많았다.

그런 피곤한 신경전이 크몽에서는 없었다. 등록된 전문가 중에 마음에 드는 사람을 선택해 상담하고, 의뢰를 통해 일을 진행하는 방식이 마음에 들었다. 특히나 후기를 믿고 의뢰를 주고받는 시장이 존재한다는 사실 자체에 큰 충격을 받았다.

크몽 전문가 활동을 시작했지만, 처음부터 의뢰가 쏟아지진 않았다. 사람들 앞에 내놓을 만한 포트폴리오가 없었던 탓에 좋은 후기를 쌓을 기회 자체가 없었던 탓이다. 전업 프리랜서라면 큰일이겠지만 직장인이었던 플린 입장에서는 전혀 아쉽지 않았다. 직장을 다니는 사람에게는 '월급'이라는 '빽'이 있었으니.

의뢰가 없으면 없는가 보다는 식으로 지내던 어느 날, 의뢰가 들어왔다. 크몽 전문가로 등록한 지 한 달 만이다. 첫 의뢰는 소소한 코딩 작업 정도였다. 퇴근 이후에 2~3시간 정도 작업하고, 주말 시간을 이용해 완성했다. 소소한 작업을 한두 건 하다 보니 재미가 붙었다. 한 달에 100만 원 정도의 부수입도 생겼다. 적다면 적은 돈이지만 회사원에겐 큰돈이다. 연봉 1,200만 원을 더 받으려면 진급 밖에는 답이 없기 때문이다.

고래를 춤추게 하는 것은 칭찬의 힘이지만 사람을 움직이게 하는 것은 돈의 힘이 컸다. 차츰 일 욕심도 생기던 터에 의뢰를 맡기는 사람들이 늘어났다. 좋은 후기가 조금씩 쌓이면서 생긴 일이다. 지금 생각해 봐도 신기할 정도다. 돈 버는 재미가 생긴 대신 야간 작업과 주말 작업이 늘어났다. 월화수목금금금 일상이 루틴이 됐다. 그래도 힘든 줄 몰랐다. 잘하는 일이고, 좋아하는 일이고, 돈이 되는 일이었기 때문이다.

크몽 입문 6개월 만에 한 달 부수입으로 400만 원을 벌었다. 회사에서 나오는 월급은 그대로.

'와, 이대로 쭉 가면 금방 부자 되겠네….'

경제적 여유가 생기면서 직장 생활에 대한 인식도 차츰 달라졌다. 정해진 시간에 출근해서 퇴근 시간까지 줄곧 남의 지시를 받는 것에 염증이 생겼다. 조직이라는 이름 뒤에서 권력만 휘두르는 윗분들의 행동도 참기 힘들어졌다. 그러다 문득, '직장 생활을 계속하는 게 더 손해 아닌가?'라는 생각이 들었다.

'퇴근 이후와 주말 시간만으로 월 400만 원을 버는데, 평일 근무 시간까지 작업할 수 있다면 돈을 더 벌 수 있지 않을까?'

욕심이 만들어 낸 위험한(?) 속삭임이 귓전을 울렸다.

선순환 구조를 만들기까지
고생은 필요조건

2021년 4월, 플린은 회사에서 뛰쳐나왔다. 일의 경중과 작업시간을 스스로 배분할 수 있는 전업 프리랜서가 되었다. 아내는 적극 찬성. 평소에도 남편에게 사업을 권유했던 사람이라 큰 문제가 없었다.

정작 문제는 프리랜서의 삶이 만만치 않음을 뒤늦게 깨달으면서 생겼다. 직장 생활에 빼앗기던 시간까지 작업에 투여했는데도 수입이 늘지 않은 것이다. 기대했던 것과는 전혀 다른 결과가 그를 당혹스럽게 했다. 부수입으로 벌던 400만 원 정도가 한계였다. 투입 가능한 시간은 늘었는데, 일감이 그만큼 늘지 않았던 때문이다. 회사에서 보장해 주던 월급이 사라진 탓에 경제적 압박까지 받았다. 조그마한 사무실에 지출되는 임대료마저 부담이 될 정도였다.

악재도 겹쳤다. 의뢰받아 작업한 프로그램이 제대로 작동하지 않는 일이 생긴 것이다. 밤을 새워 수정을 거듭해도 원하는 퍼포먼스가 안 나왔다. 경험과 능력이 모두 미숙했던 시기다. 결국 일정 차질에 화가 난 의뢰인에게 사과하고, 두 배의 돈을 물어주는 것으로 무마했다.

이 사건의 아픔은 꽤 컸다. 돈도 돈이지만 자존심이 크게 상했다. 회사를 괜히 그만둔 건 아닌지 후회될 정도였다.

‘다시 회사로 돌아갈까?’ 혹시나 하는 생각에 직장 동료의 단톡방에 들어가 안부를 전했다. 반응은 뜨거웠지만 원했던 것과는 달랐다. “야, 힘들면 복직해라!”는 말이 듣고 싶었는데, 돌아온 말은 반대였다.

“잘 되고 있지?”

“부럽다.”

“잘 나간 거야, 여긴 비전 없어.”

동료들이 불러 참석한 술자리에서도 반응은 마찬가지였다.

“아, 힘들다.”

“그만두고 싶다.”

“너 회사 잘 나간 거야.”

그때 들었던 생각.

‘아, 계속 회사 다녔어도 결국 퇴사를 꿈꿨겠구나….’

돌아갈 곳이 없음을 깨달았다. 어떻게든 돌파구를 찾아야 했다. 그 결과로 만들어진 것이 팀 [플린앱스]다. 혼자서 북 치고 장구 치는 것보다 팀을 꾸려 대응하는 것이 더 유리할 것이란 판단에서다. 급할 때 소소한 코딩을 나눠 맡겼던 대학 동기와 후배들을 합류시키고, 디자인 파트를 보강했다. 특히 실력 있는 디자이너가 필요했다. 코딩을 보고 완성도를 판단할 수 없는 의뢰인이 많다는 점을 고려한 전략이다.

매출이 별로인 상태임에도 팀을 꾸린 데에는 나름의 계산이 있었다. 정부의 국책과제 시즌이 되면 외주 수요가 폭발할 것으로 보았다. 그래서 사전에 코딩 인프라와 디자인 역량을 강화할 필요가 있었다.

그의 예측은 들어맞았다. 개발 의뢰가 급증했다. 의뢰인이 국책 과제용으로 준비한 사업계획서만 보내면 [플린앱스] 멤버들이 의뢰인의 구상을 구체적인 결과물로 만들어냈다. 특히 개발과 디자인을 한 번에 해결해 준다는 점이 주효했다. 개발과 디자인을 따로 발주할 필요가 없다는 장점은 시간과 비용을 아끼고자 하는 의뢰인들을 공략하기 충분했다. 좋은 평점과 우호적인 후기는 당연한 결과. 그러면서 차츰 선순환이 생겼다. 좋은 후기가 새로운 의뢰를 견인했고, 서비스에 만족한 고객은 또 다른 고객을 데리고 왔다.

버티다 보면
뭔가 생기는 것이 있다

크몽 입문 시점부터 근 3년. 지금은 경제적인 안정을 찾았다. [플린앱스] 조직도 안정화됐다. 여기에 기대치 않았던 자산들이 쌓였고, 계속 쌓이는 중이다. 각종 알고리즘이나 코딩 모듈이 그것이다. 이런저런 의뢰를 받다 보면 중복되는 부분이 생기는데, 이미 검증된 모듈을 활용하면 시간을 크게 단축할 수 있다. 그 효과로 작업 시간이 단축되면 한 명의 엔지니어가 감당할 수 있는 프로젝트 수가 늘어났다. 생산성이 높아진 셈이다.

사업과 서비스를 보는 안목, 인사이트(Insight)가 생긴 것도 큰 자산이다. 의뢰인과의 상담 중에 "사장님, 이건 이렇게 접근하는 게 좋을 것 같습니다!" 등과 같이 대안을 제시하는 능력이 생긴 것이다. 이 능력 또한 단기간에 의뢰인의 마음을 사로잡는 훌륭한 무기가 됐다.

팀의 일정과 역할을 분배하는 '과업 정리'는 아예 주특기로 자리 잡았다. 의뢰인의 사업계획서만 봐도 어떻게 업무를 나누고, 일정을 잡을지 자동으로 떠오를 정도다. 어플 제작과 검수 과정에서 쌓인 노하우도 잔뜩이다. 이 모든 효과를 한마디로 요약하면 '기획력의 강화'로 정리할 수 있겠다.

기획력이 강화되면서 [플린앱스]는 저가 시장에서 몸을 뺐다. [플린앱스]의 프리미엄 서비스는 기본 견적만 1천만 원이 넘는다. 그럼에도 의뢰가 끊이지 않고 있다.

전체 의뢰비용이 100이라면 개발비가 차지하는 비중은 40% 내

외. 나머지는 기획이 차지하는 비중이다. 그런데 기획에 동원되는 안목과 노하우는 원가가 없지 않은가. 부가가치가 높아지는 것은 자연스러운 결과일 뿐이다.

팀워크가 견고해진 것도 큰 소득이다. 예전부터 알던 지인들이 주축인 덕이다. 이 팀원들과의 대화 속에서 새로운 목표가 나왔다.

"다른 사람의 아이디어만 가공해 줄게 아니라 우리의 아이디어도 세상에 내놓자!"

두 달에 1건 정도는 자체 서비스를 런칭하는 것이 목표다. 팀원들이 모여서 다양한 아이디어를 내고, 어떤 아이디어를 개발할지 투표로 결정한다. 개발 기간은 대략 1주일. 디자인에 2일, 코딩에 2일, 나머지 3일은 테스트 기간이다. 이런 식으로 개발한 어플리케이션이 5개다. 대박까지는 아니더라도 앱스토어 순위 20위 권에 오른 어플도 생겼다. '포켓몬 도감'이라는 어플인데, 사용자 별로 수집한 포켓몬을 보여준다. 포켓몬 전부를 모은 유저가 전국에서 13명이나 존재한다는 사실을 알린 것도 이 어플이다. 호응은 좋았지만, 수익 모델이 없었다. 서버 임대료만 매달 30만 원이 나갔다.

30만 원이 엄청 부담스러운 금액은 아니지만 그렇다고 무기한으로 끌고 갈 수는 없다는 판단이 들면서 서비스를 내렸다. 출시 4개월 만의 일이다. 그런데 웬걸, 서비스를 내린 다음 달에 150만 원이 들어왔다. 구글이 어플 화면에 붙인 광고비를 정산해 준 것이다.

'아, 그냥 유지해도 됐는데….'

트래픽을 키우는 것 자체가 또 하나의 수익모델이라는 것을 이론이 아닌 실전으로 배운 셈이다. 미숙한 판단이었을지라도 실전에서 배운 것은 의미가 컸다. 플린과 그의 팀은 앞으로도 '놀이 같은 작업', '작업 같은 놀이'를 계속할 생각이다. 트래픽이 팍! 터지는 서비스를 만들 때까지 이런저런 시도를 가볍게, 자주 시도해 보는데 중점을 두고 있다.

어느 단계까지는 남의 도움이나 간섭이 없는 상태로 감당해 볼 작정이다. 투자유치를 고려하는 것은 구체적인 실적을 거둔 이후로 보고 있다. 그때까지는 크몽을 중심으로 한 수주 활동을 자력갱생의 동력으로 삼을 작정이다.

지금 가장 절실한 것은 '명예로운 실적'이다. [플린앱스]의 도움으로 탄생한 어플 가운데 대중적 지지를 받는 유명 서비스가 등장하기를 간절히 기다리고 있다. "고맙고, 감사하다"는 후기도 중요하지만 의뢰인과 함께 만든 어플의 성공이야말로 [플린앱스]의 존재 이유기 때문이다. 그런 사례가 안 나온다면? 그럼 [플린앱스]가 직접 하는 것이고.

"프리랜서로 독립하지 않고 회사에 남아 있었다면 지금쯤 어떤 꿈을 꾸고 있을까요? 여기까지 오는 게 쉽지는 않았지만, 후회는 없습니다. 제가 선택한 삶이니까요!"

자신의 선택에 끝까지 책임질 수 있는 사람만이 재능 마켓에 뛰어들라는 충고다. 언제든지 돌아갈 수 있는 퇴로란 세상에 존재하지 않으니까. ☺

좋은 일은 언제나
좋은 인연에서 시작된다

동영상 편집 제작전문가 / 디자인 도사(박세환)

크몽에서 [디자인 도사]라는 아이디로 활동하는 박세환(37세) 씨는 동영상 편집 제작전문가다. 그는 미국에서 대학을 나왔다. 영화 전공이다. 군대 문제로 귀국했다가 제대 후 한국에 눌러앉은 케이스다. 군 복무를 마친 후 전공을 살릴 수 있는 회사에 곧바로 취직했지만 직장 생활이 만만치 않았다. 층층시하의 계급사회였고, 아무리 좋은 기획안을 올려도 사내 정치에 결정이 좌우되기 일쑤였다.

'아, 사회는 이렇게 돌아가는구나. 차라리 사업이나 할까?'

3년 전인 2020년 10월. 더 이상 버티는 게 무의미하다는 생각 끝에 사직서를 냈다. 모아둔 돈도 없고, 명확한 대안도 없었다. 무력하고 무의미한 시간으로 인생을 낭비하고 싶지 않다는 생각에서 내린 결정이다. 문제는 타이밍이 좋지 않았다는 것. 결혼을 불과 3달 앞두고 내린 결정이기 때문이다. 아내가 직장 생활을 그만두지 않은 때라 끼니를 걱정할 상황은 아니었지만 나갈 돈이 많았다. 생활비와 통신비, 교통비. 무엇보다 신혼집 장만을 위해 빌린 대출금이 큰 부담이 됐다.

사업 구상이 없었던 것은 아니었지만 자금 조달이 쉽지 않았다. 그렇다고 양가 부모님께 손 내밀 수도 없는 일. 무엇보다 자존심이 허락지 않았다.

최소 6개월은 버텨야
변화가 온다

뭐라도 해야 했다. 그것도 돈이 들지 않는 일이 필요했다. 그렇게 고심 끝에 찾아낸 답이 '크몽'이다. 유학 시절과 사회생활을 하며 갈고 닦은 영상 관련 재능으로 돈을 벌기로 했다. 기업의 홍보영상이나 결혼을 앞둔 신혼부부의 웨딩 영상을 촬영하고, 편집해 주는 일에 대한 수요가 충분했기 때문이다.

한 달에 200만 원 정도 버는 것이 1차 목표. 앞서 활동하고 있는 크몽 전문가들의 포트폴리오와 후기를 살펴보니 무리한 목표라는 생각은 들지 않았다. 영화를 전공했고, 영상 관련 회사의 경력도 있는 만큼 자신이 있었다.

그러나 현실은 달랐다. 재능 마켓의 일감은 실력 좋고 후기가 많은 전문가에게 몰렸고, 그에게는 가진 실력을 발휘할 기회조차 허락되지 않았다. 의뢰인의 결정을 좌우하는 포트폴리오나 후기가 전혀 없었기 때문이다. 능력과 의욕은 있지만, 의뢰는 없는 시간이 길어졌다.

'아, 내 자리는 없구나….'

현실의 문턱이 높다고 포기할 수는 없는 일. 무조건 포트폴리오를 만들고 좋은 후기를 쌓는 일에 집중할 수밖에 없었다. 짧으면 1시간, 길면 2시간 정도 소요되는 편집 작업을 단돈 5천 원에 의뢰받았다. 포트폴리오가 없는 대신 의뢰인의 가격 저항선을 낮춘 것이다.

무모한 가격이었지만 의뢰는 확실히 생겼다. 작업 결과가 별로여도 날리는 돈은 겨우 5천 원이라고 여긴 사람들의 의뢰가 몇 건씩 들어오기 시작했다.

그 5천 원짜리 의뢰에 목숨을 걸었다. 눈 흰자위 실핏줄이 터져

가며 작업했다. 하루 2건 작업에 들인 시간은 최소 4시간, 그 일로 1만 원 버는 짓(?)을 감수했다. 그 결과, 가성비와 퀄리티가 좋다는 후기가 올라왔다. 간신히 출발선에 선 것이다.

몇 건의 포트폴리오가 더 생기자 편집비용을 1만 원으로 올렸다. 그래도 가성비를 보고 몰려든 의뢰가 많았다. 다시 2만 원으로, 포트폴리오가 제법 쌓이면서 3만 원을 불렀다.

작업량이 많았지만, 보람은 있었다. 다만, 정산받은 금액만큼은 아쉬웠다. 120만 원. 그렇게 열심히 작업했건만 최저시급도 안 되는 돈을 쥐고 보니 생각이 많아졌다.

'아, 이 정도로는 생활하기 어렵겠다…'

금액에 대한 아쉬움이 컸지만 부끄럽지는 않았다. 120만 원은 가족을 위해 노력하는 가장의 노력을 증명하는 명확한 증거이기 때문이다. '차차 나아지겠지…' 그렇게 믿고 싶었고, 그렇게 믿지 않고서는 버틸 재간이 없던 때다.

악으로 버틴 시간이 6개월쯤 지나자 변화가 생겼다. 5천 원부터 시작한 가격을 5만 원까지 올렸는데도 의뢰가 늘었다. [디자인 도사]에 쌓인 높은 평점과 좋은 후기가 힘을 발휘하기 시작했다.

어떤 고객은 한 번에 10개씩 작업을 맡겼다. 유튜브와 온라인 사이트에 게임 영상을 올리는 사람이었다. 촬영보다 편집에 투여되는 시간과 노력이 더 부담됐던 의뢰인은 편당 5만 원이란 가격을 엄청 싸게 본 것이다. 단골도 생겼다. 스승의 날 영상을 준비하는 학생들이 3년째 찾아오는 중이다. 무엇보다 "00님에게 소개를 받았습니다"라며 찾아오는 고객이 늘어난 것이 가장 큰 변화다.

엄청난 변화에도 불구하고 박세환 씨는 만족할 수 없었다. 의뢰가 많아지면서 수입도 늘었다지만, 회사 다닐 때의 급여 수준과는 여전히 거리가 있었기 때문이다.

'이런 식으로는 한 달 내내 철야를 해도 돈을 벌 수 없겠는데….'

영상편집 매출의 한계가 오자 답답함이 더 했다. 물론 그 답답함의 해결방법은 이미 알고 있었다. 그 문제를 해결하는데 적지 않은 돈이 필요했기에 망설여왔을 뿐이다.

해결책은 명확했다. 영상편집과 더불어 영상촬영도 같이 하는 것. 그래야 하루 일당을 온전히 확보할 수 있다. 문제는 영상촬영에 억대의 장비가 필요하고, 박세환 씨는 이를 마련할 형편이 안 된다는 것. 그나마 다행인 것은 촬영 장비를 빌려주는 곳이 생겼다는 사실이다. 천우신조(天佑神助)다. 대여료는 하루 7만 원, 매출에서 대여료가 차지하는 비중이 작지 않았지만 다른 수가 없었다. 장비를 싣고 다닐 차량은 '쏘카'라는 어플을 통해 해결했다.

한 번의 출장 촬영에 받는 돈은 25만 원, 편집비용을 포함하면 30만 원을 벌었다. 한 달 평균 10번 정도의 출장이 잡히면서 300만 원을 벌었다. 살림살이에 약간의 숨구멍이 생긴 셈이다.

계산기보다
진실된 마음으로 소통하라

목돈이 될 만한 의뢰도 생겼다. 2년 전, 동국제강으로부터 의뢰가

왔다. 대기업 포트폴리오를 만들 기회가 생겼다. 신입사원을 위한 교육용 영상을 찍어 달라는 의뢰다. 딱딱한 내용을 나열하기보다 직장인의 소소한 일상으로 구성해 보자고 제안했는데, 이게 받아들여졌다.

촬영 분위기는 좋았다. 참여한 직원들의 반응도 마찬가지. 흥이 난 촬영작업은 편집까지 이어졌다. 결과물은 훌륭했고, 임직원들도 흡족하다는 반응을 보였다.

대기업과의 협업은 물꼬를 트기가 어려운 대신 파급력이 크다는 장점이 있다. 시작은 동국제강이었지만 이내 삼성SDS, 포스코, ㈜하림 같은 대기업과의 인연이 생겼다. 이후 명품 브랜드 까르띠에와 에르메스와도 작업할 기회가 생겼고, 프랜차이즈 버거킹을 비롯해 연세대학교도 협업 대상이 됐다.

기억에 남는 것은 ㈜하림과의 인연이다. 홍보팀 막내라는 사람으로부터 한 번에 2개의 영상물을 제작해달라는 부탁을 받았다. 의뢰가 아닌 부탁으로 표현한 이유는 금액 때문이다. 2개의 영상물을 제작하고 편집하는데 지급한다는 금액이 60만 원에 불과했다.

"영상은 필요한데, 부서 예산은 없어서요…."

그 막내 사원의 절실함이 박세환 씨의 눈에 들어왔다. 영상기획과 출장 촬영, 편집 후 납품까지. 채산이 맞지 않은 일이지만 흔쾌히 수락했다. 막내 사원의 사정도 딱했고 대기업 포트폴리오를 남기는 것도 길게 보면 좋은 일이라고 위안 삼은 결정이었다.

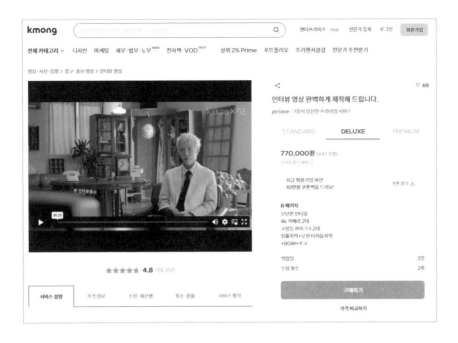

그 선의는 두 달 뒤 보답을 받았다. ㈜하림에서 추가로 들어오는 의뢰는 기본이 200만 원짜리였다. 누구나 어릴 때부터 '선의를 베풀면 언젠가는 좋은 일로 돌아올 것'이란 말을 많이 듣고 자란다. 하지만 다 큰 어른으로 사회생활을 하면서 선의를 베푸는 것은 쉬운 일이 아니다. 그런데 ㈜하림과의 인연은 '좋은 인연은 한 번의 관계로 끝나지는 않는다'는 확신을 다시 세우는 계기가 됐다.

이때 생긴 확신이 그를 진화하게 했다. 좋은 인연을 골라 맺을 수는 없는 법. 박세환 씨는 만나는 모든 사람에게 좋은 인연이 되고자 노력했다. 의뢰인과의 상담에서도 '한 번 볼 사이가 아니다'는 마음으로 임했다.

마음가짐이 달라지면 태도도 달라진다던가. 왜 영상물이 필요하고, 어디에 쓸 것인지 정도를 묻던 예전과 달리 가능하면 상담자의 여건이나 심리 상태까지 파악하고자 노력했다. 좋은 인연은 상대에 대해 더 많이 알려고 하는 것부터 시작된다고 믿는 까닭이다.

이러한 노력의 결과였을까? 그에게 '다른 사람을 소개해 줘도 좋은 사람'이라는 평판이 생겼다. 그리고 그 평판은 다른 인연의 연결고리가 됐다. 물론 인연 따라 일감이 따라왔다. 돈을 따지지 않았더니 오히려 돈이 벌렸다. 한 달에 딱 200만 원만 벌어보자고 시작한 일이 400만 원이 넘더니 불과 7개월 만에 700만 원을 넘어서게 되었다.

수입이 안정되고 일이 커지자 자신을 도와줄 사람이 필요했다. 프리랜서 커뮤니티에 나눠 줄 일감을 올린 후 일하는 사람의 태도와 결과물을 지켜봤다. 그들 중 고객의 소중함을 알고 최선을 다하는 사람을 정직원으로 채용했다. 고생하는 만큼 별도의 인센티브도 보장해 줬다.

한 달 의뢰가 기존 인원으로 감당할 수 없는 수준이 되면 한 명씩 직원을 늘렸다. 그렇게 모은 팀원이 8명. 촬영팀과 편집팀 각각 4명씩이다.

직원이 늘고 인건비 부담도 커졌지만 [디자인 도사]는 오히려 안정을 찾았다. 일이 줄지 않았다. 좋은 인연의 힘이다. 이름만 대면 누구나 알 수 있는 대기업 사장님과도 안면이 생겼다. 주한 호주 대사의 초청으로 참석한 자리에서 제과업체 대표와 전자업체 사장님

등과 친분을 쌓을 수 있었다. 박세환 씨가 한 일이라곤 그저 인사하고, 귀 기울이고, 좋은 얘기에 감사를 표하는 정도에 불과했는데 그런 모습을 겸손하다고 봐 준 모양이다. 일감을 바라고 만든 인연이 아니었건만 이런 인연은 나중에 크고 작은 의뢰로 이어졌다. 그때마다 드는 생각.

'인생, 참 알 수 없네….'

재능 마켓은
이미 '레드오션'이다

아무런 대책도 없이 직장을 그만둔 지 3년. 지금은 시간적, 경제적 자유가 생겼다. 진정한 의미의 '프리랜서', 스스로 자신을 고용한 자유인이 된 셈이다. 비싸서 못 샀던 촬영 장비, 편집 장비를 사는 데만 1억을 썼다. 업무용 차량도 BMW로 뽑았다. 양가 부모님 용돈은 물론 아내와 함께 섬기는 교회에 내는 헌금도 단위가 커졌다. 월별 수입이 들쑥날쑥하지만 1억5천만 원을 기준으로 소득세를 내고 있다. 이제는 미뤄뒀던 2세 계획을 추진 중이다. 모든 게 크몽을 시작한 이후에 생긴 일이다.

경제적 여유가 생겼다고 방심은 금물. 매일 아침을 기도로 시작하고 있다. 새로 만나는 인연에 최선을 다할 수 있기를 구하는 것이 주된 내용이다. 인간관계란 의외로 사소한 것에서 틀어지고, 현장에서 생기는 돌발변수는 그런 사소한 오해를 불러일으키기 충분함을 잘 알고 있기에 절대자의 도움을 갈구하기도 한다.

영상을 납품한 후에도 의뢰인의 OK 사인을 받기 전까지는 긴장을 풀지 못한다. 의뢰인의 OK 사인을 받아도 방심은 금물. 잔금까지 받아야 최종 완료다. 계약금 20%에 영상물만 가져가고, 잔금 승인을 안 해준 채 잠적한 일을 몇 번씩 겪으면서 생긴 조심성이다.

좋은 만남을 위해 기도하는 것도 이런 배경에서다. 아무리 진심으로 다가가도 진상 고객은 피할 수 없는 법. 성인물 영상광고나 코인 다단계 홍보영상을 만들어 달라고 요구하는 사람을 꽤 만났다. 납품한 결과물의 편집 수정이 아니라 아예 촬영을 다시 해달라는 황당한 주문도 적지 않았다. 이런 상처들은 새로운 만남이 반갑기도 하면서 한편으론 두려운 이유가 되고 있다. 아침의 기도는 불쾌한 경험 때문에 새로운 인연 앞에 머뭇거리지 않기를 경계하는 일종의 자기 암시인 셈이다.

박세환 씨는 "새로 재능 마켓에 참여하겠다는 사람이 있다면 만류하고 싶다"는 입장이다. 특히 영상촬영과 편집 부분은 이미 유혈이 낭자한 영역이라고 말한다. 누구나 시도할 수 있지만, 누구나 성공할 수는 없는 곳. 그런 곳에서 큰 결단과 열정이 없으면 버티기가 쉽지 않다는 얘기다.

실제로 중도 포기한 사람들을 많이 봤다고 한다. 프리랜서 촬영 감독이 모인 단톡방에 들어가면 작은 일 하나에 반응하는 사람만 50~60명일 정도의 치열한 시장, 그런 시장에서 살아남을 자신이 있는지를 스스로 판단해 보고 진입을 결정해야 한다고 조언한다.

직장 생활하며 부업으로 하는 정도라면 모르되 전업을 고려하는 것은 신중해야 한다는 게 그의 견해다. 특히나 인공지능(AI) 시대에도 영상 제작자, 영상 편집자라는 직업이 온전할 것이라는 보장이 없다는 점을 강조하고 있다.

박세환 씨가 그저 모든 것에 감사한 마음으로 살고 있음을 강조하는 이유다. ☺

Winter is coming,
디자인의 미래는 인문학이다

디자인전문가 / 픽셀아트공작소(이경준)

[픽셀아트공작소]의 대표 이경준 씨(43세)는 한마디로 '촉이 좋은 사람'이다. 인생이 순탄했다는 의미가 아니다. 다만 어떤 일이 닥칠지에 대한 예측이 빠르고, 그에 대한 준비가 철저했다. 그 덕에 인생의 중요한 결정에서 나름 좋은 성과를 거뒀다.

현재 크몽에서 가장 치열한 카테고리는 디자인과 마케팅이 꼽힌다. 수요가 많다 보니 공급자 규모도 크고, 특히 신규 전문가의 진입이 쉬운 탓에 가격 경쟁이 매우 치열한 시장이다. 그 시장에서 이경준 씨의 [픽셀아트공작소]는 디자인 카테고리에서 근 10년째 상위 랭킹을 고수하고 있다. 크몽 출범 첫해 '크몽어워즈 디자인 부문'에 선정된 이후 지속적인 성장을 보이는 중이다. 현재 정규 디자이너만 12명. 전체 매출의 20%를 크몽에서 올리고 있는데, 그 매출이 월 3,000만 원에 이른다. 전체 매출을 보자면 한 달에 1억5천만 원이 넘는다. 크몽과 더불어 창업했고, 크몽과 함께 성장한 케이스다.

사업은 타이밍, 초기 시장에 투신하라

이경준 씨는 자신을 '촉이 좋은 사람'이 아닌 '운이 좋은 사람'으로 표현하고 있다. 그래픽 디자인을 공부했으나 대학을 마치지 못했고, 사회 경험도 별로 없다고 한다. 실제로 그는 20대 초반을 신촌에 있는 아버지의 PC방을 맡아 운영하면서 생활했다. 20대 중반이 넘어서야 한 언론사의 웹 디자이너로 취직했다. 사이트에 배너 붙이고 일부 디자인을 수정하는 것이 주요 업무였다. 큰 재미나 위기 없이 그럭저럭 시간을 보냈다. 스스로가 삶의 주인이라는 자각은 있지만, 열정이라는 알맹이는 빠져 있던 시기였다.

그런 그를 자극한 인물이 공동창업자 황혜정 씨(33세)다. 함께 소상공인을 위한 온라인 웹 에이전시를 꾸려보자며 의기투합을 했다. 그러나 의욕보다 장벽이 높았을까. 결과는 만족스럽지 못했다. 고생한 것보다 손에 쥐는 돈이 별로 없었다. 결국 각자도생하기로 갈라섰다가 홀로서기가 더 힘들어 다시 뭉쳤다. 이때 두 사람이 찾아낸 돌파구가 크몽이다. 온라인으로 의뢰를 받아 웹사이트나 모바일 앱의 디자인을 제공하는 일을 시작했다.

재능 마켓에서 의뢰가 들어오면, 두 사람이 매달려 작업하고 납품하는 방식으로 돈을 벌었다. 매출은 300만 원에서 900만 원 사이를 오갔다. 사무실 임대료와 부대비용을 뺀 나머지를 둘이 나누자니 큰돈이 되지 않았다.

'이걸 계속해야 하나….'

크몽 진입 초기의 내적 갈등이 찾아왔을 때 이경준 씨의 촉이 발동했다.

'아니야, 조만간 이 시장은 성장할 게 확실해. 경쟁자가 적은 지금이 오히려 기회야!'

이경준 씨의 판단에 황혜정 씨가 함께 움직였고, 각고의 노력 끝에 디자인 수주와 작업을 분담할 협력사를 구했다.

가격은 저렴하게, 퀄리티는 높게. 경쟁자가 적을 때 가격과 품질로 치고 나가는 전략을 폈다. 특히 좋은 후기를 쌓는데 노력을 기울였다. 창업 관련 정책자금을 받은 사람들이 쏟아질 시기를 노린 것이다.

그의 준비는 시장에 주효했고, 실제로 크몽 출범 첫해의 '크몽어워즈'로 선정될 정도의 실적을 올렸다. 다시 의기투합한 지 1년 만이었다.

[픽셀아트공작소]가 '크몽어워즈'로 선정된 것은 큰 경쟁력이 됐다. 믿고 일감을 맡기는 사람이 늘어났다. 이경준 씨와 황혜정 씨 2명이 감당하지 못하는 일감은 외주로 돌렸고, 그래도 감당할 수 없으면 직원을 뽑았다. 선순환의 고리가 생긴 셈이다. 그런 식으로 직원들이 충원됐을 때, 이경준 씨 입에서 의미심장한 발언이 터져 나

왔다.

"우리는 최고 수준의 디자인 퀄리티를 제공할 겁니다. 그래야 살아남을 수 있어요. 믿고 따라와 주세요!"

최고의 디자인을 지향하자는 리더의 메시지는 설득력이 있었다. 진입 장벽이 낮은 디자인 영역의 출혈 경쟁은 이미 도를 넘은 상태이기 때문이다. 저가 시장에서 몸을 빼서 고부가가치 영역으로 이동하지 못하면 발전은커녕 생존도 어렵다는 사실은 누구도 부인하기 어려웠다.

지향점에 도달하기 위한 구체적인 방안도 제시됐다.

이경준 씨는 [픽셀아트공작소]는 향후 디자인과 더불어 IT 기획과 프로그래밍, 마케팅을 강화하고 시장의 흐름에 따라 영상촬영과 편집도 추가하겠다고 선언했다. 웹과 앱 디자인만으로는 회사가 발전하는데 한계가 있다는 문제의식도 공유했다.

이경준 씨가 로고부터 화면 문구까지 고객이 원하는 모든 것을 제공하겠다는 선언을 한 것은 단순히 희망 사항의 나열이 아니었다. 나름 믿는 구석이 있었다. 이경준 씨의 [픽셀아트공작소]와 국내 최고의 웹 빌딩(Web Building) 툴을 표방한 '아임웹(ImWeb)'사 사이에 공식 파트너 계약을 체결하게 되었기 때문이다.

이 계약이 중요한 이유는 아임웹이 '노코드 웹사이트 제작 툴'이기 때문이다. 코드가 필요 없기에 프로그램을 짤 줄 모르는 사람에게도 매우 유용했다. 필요한 기능을 선택해서 레고 조립하듯이 웹사이트나 쇼핑몰을 만드는 것이 가능했다.

아임웹이 '반응형 웹 빌더'라는 것도 주요 특징이다. 예전에는 PC용 따로 모바일용 따로 웹페이지를 개발해야 했지만, 반응형 웹 빌더로 작업하면 한 번의 작업으로 모든 디바이스에 적용이 가능했다. 이 때문에 프로그래머 보다 디자이너의 활용도가 높아졌다. 디자이너가 주축인 [픽셀아트공작소]와 너무도 궁합이 잘 맞는 파트너를 만난 셈이다.

지형지물을
활용할 줄 알아야 생존한다

이경준 씨는 웹사이트나 쇼핑몰 분야의 확장된 수요가 '아임웹'이라는 툴을 태동시켰고, 그렇게 태동된 툴이 다시 수요를 견인하는 흐름을 빠르게 간파했다. 누구나 쉽게 자신만의 홈페이지나 웹사이트를 구축할 수 있다면, 결국 이를 대행하거나 보완하는 수요도 함께 늘어날 것을 알아챘다.

실제로 [픽셀아트공작소]는 아임웹과의 계약 이후 급성장했다. 웹 빌딩 방식을 채택하면서 디자이너 1명이 소화할 수 있는 프로젝트 수가 증가했기 때문이다. 별도의 S/W 엔지니어가 없어도 고객의 니즈에 90% 이상 반응할 수 있었다. 고객이 원하는 쇼핑몰이나 홈페이지의 기능은 거의 대동소이했기 때문이다. 특별히 요구되는 기능은 여러 협력업체와의 협업으로 처리했다. 2023년 8월 기준, 아임웹 내부 통계상 웹사이트 제작 분야의 1위를 달리고 있다. 2위와는 거의 4배 차이다.

직원들에게 요구한 최고 수준의 퀄리티는 아임웹을 통해 구체화됐다. 디자이너의 역량만으로도 얼마든지 웹과 모바일 앱을 납품할 수 있게 되었다. 무엇보다 납품한 결과물에 대한 유지 보수에 큰 힘을 들이지 않아도 됐다. 웹 빌딩 툴의 특성을 제대로 활용한 결과다.

웹 빌딩 툴을 능숙히 사용하는 디자이너가 늘면서 업무의 효율이 올랐다. 웹 빌딩 툴에 익숙한 디자이너 한 명이면 기존의 제작 방식보다 3~4배의 작업을 처리할 수 있기 때문이다. 그 덕에 S/W 엔지니어가 차지하는 비중을 줄이고, 디자이너의 비중이 키웠음에도 [픽셀아트공작소]는 크게 성장했다. 정규 디자이너가 3명에서 5명, 7명으로 늘더니 최근에는 12명까지 늘었다. 아직도 실력 좋은 디자이너를 계속 찾는 중이다.

아임웹을 통한 매출이 크게 늘면서 크몽에 대한 의존도가 줄어들었다. 현재 크몽의 매출 비중은 20% 선이다. 매출이 급성장하면서 축적된 자금도 꽤 생겼다. 지금은 더 좋은 곳으로 사무실을 이전할지 아니면 신규 프로젝트를 시도할지 숙고 중이다. 10년 전, 280만 원 매출로 어떻게 한 달을 버텨야 할지 전전긍긍하던 때와는 차원이 다른 고민이다.

그렇다고 방심은 금물. 곳곳에서 위기 신호가 감지되고 있다. 점차 많은 디자이너가 아임웹을 활용하기 시작했고, 챗GPT를 필두로 한 AI의 움직임도 심상치 않다. 지금 잘 나간다고 앞으로도 계속 잘 나간다는 보장이 없다. 'Winter is coming', 미국 드라마 왕좌의 게임의 명대사처럼 혹독한 겨울이 시시각각 닥쳐오는 상황이다.

이경준 씨는 다가오는 위기에 대한 대비책을 인문학에서 찾고 있다. 고객 상담과정에서 어떤 단어를 선택하느냐에 따라 이쪽의 수준을 보여줄 수 있다는 점은 작은 이유다. 그보다 화면에 게재되는 문구 하나, 문장 하나가 그 어떤 디자인보다 강력한 무기라는 점이 더 큰 이유다. 아무리 보기 좋은 디자인이라고 해도 그 안에 들어간 단어나 문장이 수준 미달이면 결코 높은 완성도를 운운할 수 없다고 본다.

물론 이러한 견해는 이경준 씨 개인적인 의견일 뿐이다. 하지만 향후 디자이너의 역량을 논함에 있어 디자인 감각과 더불어 인문학적 소양이 한층 중요해질 것이라는 점은 분명해 보인다.

디자인의 궁극적 목적은 보여주고자 하는 사람과 보는 사람이 공감할 수 있는 메시지의 생성과 전달이고, 그 전달의 핵심 경로는 결국 텍스트일 수밖에 없기 때문이다.

문제는 인문학적 소양은 하루아침에 쌓이는 것이 아니라는 것. 이경준 씨가 매일 최소 30분에서 3시간 정도의 책 읽기를 강박처럼 지키는 이유다. 책 하루 읽는다고 무슨 소양이 쌓일까마는 인문학적 소양이 필요하다고 인식하고 지내는 5년과 그저 일에 치여 보내는 5년과는 천양지차의 결과를 낼 거라는 확신에서다.

재능 마켓에
낭만은 없다

인공지능(AI)의 영역 침해에 대해서도 적극적으로 대응할 생각이다. 지금은 의식적으로 인공지능을 바라보는 시각을 바꾸고 있다. 새로운 기술의 도입은 위기가 아니라 기회라는 관점으로 바라보고자 노력하는 중이다.

일러스트는 물론 3D 랜더링도 가능하고, 입력자가 원하는 디자인을 몇 분 만에 꺼내놓을 수 있는 것이 인공지능이지만, 무엇을 표현할 것인가는 결국 인간의 몫이라는 점에 주목하고 있다. 모든 디자인은 인간의 의도 또는 기업의 의도가 개입할 수밖에 없다는 사실을 중심에 놓고 판단해 보면, 인공지능은 인간이 목적한 바를 구현하는 보조 수단으로 바라볼 수 있다는 사실이다. 결국 사람이나 기업의 의도에 대해 소통하고 고민하는 것은 여전히 디자이너의 영역이 될 것이고, 이를 보조하는 수단으로 인공지능이 활용될 것으로 보고 있다.

저가 시장을 포기하고 고가 시장에 집중하는 것도 인공지능에 대한 대책의 일환이다. 피가 튀고 머리가 터지는 경쟁이 일상인 디자인 카테고리에 인공지능까지 등장한 마당에 저가 시장의 경쟁은 아예 의미가 없다는 인식이다. 차라리 퀄리티를 높여서 제값을 받는 쪽으로 이력을 쌓아야 그나마 생존 가능성을 높이는 방법이라는 입장이다. 이경준 씨의 촉이 그렇다.

이런 배경으로 재능 마켓의 신규 입문을 쉽게 권하지는 못했다.

지금 입문하는 사람들은 이경준 씨가 입문할 때보다 20배 이상의 전문가들과 경쟁해야 하고, 그들이 몰려 있는 저가 시장은 이미 지독한 레드오션이라는 사실이다. 그렇다고 신규 디자이너가 단번에 고가 시장으로 뛰어들기에는 포트폴리오가 약하고…. 말릴 수는 없지만 권하기는 어렵다는 게 그의 입장이다.

"카페에서 노트북 하나로 돈 잘 버는 디지털 노마드의 낭만요? 누구나 꿈은 꾸겠죠. 제 눈으로 본 적은 없습니다. 여긴 전쟁터거든요." ☺

흔들리지 않고
피는 꽃은 없다

사업계획서 코칭전문가 / TEO74(김태천)

[TEO74] 김태천 씨(50세)는 자신을 '많이 실패한 사람'이라고 소개한다. 그는 대학도 마치지 않은 채 이십 대 중반부터 사업을 시작했다. 어려운 환경에서 자란 탓인지 돈에 대한 열망이 남달랐다. 첫 사업은 LCD 관련 유통업이다. LCD 유통 회사에 잠깐 일한 적이 있는데, 그때의 인연으로 창업을 했다. 모아놓은 돈이 없던 그에게 거래처 사장님이 사무실 보증금을 내줬다. 젊은 사람이 뭔가 해보겠다고 아등바등하는 모습이 보기 좋았던 모양이다.

CRT 모니터나 컴퓨터 부품을 수입해서 용산 일대의 점포에 납품하는 사업을 했다. 넘치는 의욕만큼 첫 사업은 잘 됐다. 불과 2년 만에 파주에 조성된 산업 단지에 공장을 세울 정도로 성장했다. 직원 수도 50명이 넘었다.

조립과 생산 인프라를 구축한 이후부터는 수출에 주력했다. 주요 수출국은 중국. 중국의 오퍼를 받아 삼성과 LG 제품을 주로 수출했다. 자신의 회사에서 생산한 제품은 온라인으로 주문받아 수출했다.

부도, 부도, 부도… 지옥이 시작됐다

모든 사업은 질곡이 있기 마련일까. 잘 나가던 그의 회사는 경쟁업체들이 우후죽순 생기면서 가격 경쟁에 돌입했고, 자본력에서 밀린 김태천 씨 사업은 부도가 났다.

첫 사업의 실패에도 젊은 김 사장은 좌절하지 않았고, 다시 사업을 시작했다. 지인과 기업, 정부자금까지 끌어와 승부를 걸었다. 자본력에 밀리지 않을 작정이었다. 하지만 그 역시 좋은 결과로 이어지지는 않았다. 제 살 깎아 먹기 시장에서의 성공이란 결코 녹록한 일이 아니었기 때문이다.

첫 사업에서부터 15년, 김태천 씨는 세 번의 부도를 맞았다. 능력을 벗어난 욕심이 화를 부른 적도 있었고, 운이 없기도 했다. 내부로부터 배신도 당해 봤다. 이유야 어떻든 결론은 하나. 모든 책임은 대표에게 있었다.

불혹에 접어들면서 생긴 세 번째 기회를 성공시키지 못한 것은 지금도 아쉬움이 크다. 1년간의 노력 끝에 대기업과의 유통계약을 체결한 후 전국 200여 개 도매상을 묶는 큰 프로젝트였다. 문제는 외적 팽창에 급급해 옥석을 가리지 못했다는 점. 단기 매출만 100억 원이 넘을 정도의 큰 성과를 냈건만 담보 대신 발행한 보증보험을 이행하지 않는 업체들이 늘어나면서 사업이 망가졌다. 대기업과의 계약은 빈틈이 없었고, 약속을 지키지 못한 김 대표는 세 번째 부도를 맞았다.

부도를 맞은 모든 사업가에게 그렇듯 세상은 가혹했다. 양복 입고 집을 나서도 갈 데가 없고, 누구 하나 손 붙들고 하소연할 사람이 없었다. 경제적 여유가 있는 친구를 찾아 술 한잔을 나누면서도 정작 생활비 얘기는 꺼내지도 못했다. 겉은 멀쩡한데 속으로는 지옥불 위를 걷고 있던 시기다.

그런 그를 일으켜 세운 것은 부모님이었다. 하나뿐인 딸의 뒷바라지를 떠맡으면서도 그의 어깨를 말없이 두드려 준 부모님 앞에서 김태천 씨는 눈물로 재기를 다짐했다.

구두끈 고쳐 매고, 양복을 갖춰 입은 그는 주위를 냉정히 돌아봤다. 그의 눈에 정책자금을 받길 원하거나 대기업과의 협력을 원하는 업체들이 꽤 보였다. 그들을 대상으로 컨설팅을 해보자는 생각을 했다. 돈이 절실했고, 인맥도 어느 정도 살아있던 시기라 물불을 가리지 않고 달려들었다. 그 결과 몇 건의 시도에서 좋은 성과가 나왔다.

그런데도 돈을 벌지 못했다. 결과가 좋지 않을 때는 진행비를 회수할 수 없었고, 어쩌다 좋은 결과가 나와도 돈을 떼 먹혔다. 화장실 나오면서 안면 바꾸는 사람이 많았던 탓이다. 신용카드를 돌려막기로 버티는 시간이 길어지면서 그는 결국 신용불량자가 됐다.

그런 그에게 운명처럼 다가온 것이 크몽이다. 2016년 4월의 일이다. 크몽은 컨설팅 비용의 일부를 먼저 받는다는 점에서 마음에 들었다. 기껏 일을 해주고 돈을 떼인 쓰라린 경험 탓이다.

처음부터 큰 기대를 품고 시작한 일이 아니다. 유명 대학의 학위도 없고, 실패한 이력이 전부인 그에게 누가 의뢰를 할까 싶어서다. 그런데 의뢰가 있었다. 학교 과제로 사업계획서를 준비해야 하는 대학생이 첫 고객이었다. 의뢰비로 5만 원을 받았다. 그 의뢰 하나를 붙들고 보름을 매달렸다. 15페이지 분량의 사업계획서를 스무 번도 넘게 고치고 또 다듬었다. 공들인 결과물에 대학생은 만족했고, 김태천 씨 역시 개운한 감정을 느꼈다. 최선을 다한 컨설팅에 대한 깔끔한 결제는 참으로 오랜만이었다. 투여한 시간과 노력을 따진다면 터무니없이 적은 금액이었지만 마음이 후련했다. 그렇게 몇 건의 의뢰를 수행하면서 차츰 '내공'이란 것이 생겼다. 상담과정에서 주고받는 대화에 깊이와 넓이가 생겼다. '무슨 사업을 하려는지' 보다 '왜, 이 사업을 하려는지'에 더 주목했다. 어느 날 돌아보니, 사람에 대한 불신 대신 누군가를 돕고 있다는 보람이 그 자리를 채우고 있었다.

'아, 계속 이 길로 가도 되겠구나⋯.'

김태천 씨가 컨설턴트의 길을 계속 가겠다고 결심한 이유가 하나 더 있다. 초등학교 동창인 아내 연봉조(49세) 씨 때문이다. 사업실패를 딛고 컨설턴트로 거듭나는 과정에서 아내는 남편을 끊임없이 격려해줬다. "사업하는 당신도 근사했지만 컨설턴트 김태천은 빛이 난다"는 식의 당근을 아끼지 않았다. 일에 대한 보람과 빈도 높은 아내의 격려는 진로를 고민하던 김태천 씨의 머리를 개운하게 했다. 사실 그는 사업가로 재기하기 위해 신청한 정부지원 사업에 선정된 상태였기 때문이다. 컨설턴트의 새 길과 사업가로의 재기 사이에서 그의 고민은 깊어질 수밖에 없었다. 그러던 차에 아내의 격려는 네 번째 사업에 대한 미련을 버리는 결정적인 계기가 됐다. 김태천 씨가 "지금 성공의 99%는 모두 아내 덕분"이라고 말하는 이유다.

컨설턴트로 진로를 정하고 1년 정도의 시간이 지나자 좋은 후기가 쌓이기 시작했다. 후기 덕분에 의뢰도 조금씩 늘었다. 특히 타이밍이 좋았다. 정부 지원자금을 신청하는 사람이 많아지면서 사업계획서에 대한 컨설팅 수요가 커졌다. 각종 제안서나 IR 자료의 첨삭을 요청하는 사람들의 의뢰도 생겼다.

컨설턴트로 자리 잡은 것은 좋았지만 아쉬운 점은 있었다. 컨설팅 역량에 탄력은 붙었지만 큰돈은 안 된다는 점이다. 크몽에 입문해서 2년 동안 한 달 수입이 200만 원을 넘지 못했다. 예전 같으면 하루 저녁 접대비도 안 되는 돈이 한 달간 노력한 대가로 주어진 셈이다. 금액은 아쉬웠지만 나름 만족할 수는 있었다. 신용카드 돌려막기의 굴레에서 벗어날 수 있었기 때문이다.

컨설팅이 돈이 되기 시작한 것은 3년째부터다. 하루 3건 정도의 의뢰를 받았다. 사업계획의 방향을 잡아주고, 피드백하는 일을 거듭하다 보니 차츰 요령이 생겼다. 요령이 생겨서 좋은 것은 일에 대한 효율이 생긴 것. 컨설팅 건수가 늘어나도 시간과 노력을 적절히 배분할 수 있게 됐다. 창업에 대한 정부 지원사업이 확대되는 시기였기에 컨설팅 수요도 꾸준했다.

그렇게 7년, 대략 2,500건 정도 컨설팅을 수행했다. 크몽을 통해서는 1,300건 정도다. 후기는 많지 않다. 350건 정도. 정부지원금을 받기 위해 사업계획서를 준비하는 스타트업이 주요 고객인 탓이다. 외부 컨설팅을 받아 사업계획서를 준비했다는 사실을 노출하고 싶지 않은 의뢰인이 많았던 탓에 후기가 적었다.

후기를 남기는 이는 많지 않지만, 의뢰인과의 친분은 계속 이어지고 있다. "정부 지원사업에 선정됐다"는 말은 자주 들어도 질리지 않는 소식이다. 컨설팅해준 업체의 제품이 백화점 진열대에 전시된 것을 발견했을 때는 짜릿하기까지 했다. 하는 일에 보람이 생겼다. 그러자 돈과 명예가 따라왔다.

지금 한 달 수입은 크몽에서만 월 1,600만 원 정도. 개별 컨설팅까지 합하면 2,000만 원이 넘는다. 10년 전에는 신용불량자로 살았는데 지금은 1등급이다. 부도날 때마다 속을 끓이시던 부모님 생활비까지 책임지고도 경제적인 여유가 생겼다.

그 치열하다는 비즈니스 컨설팅 분야에서 2020년, 2021년, 2022년, 3년 연속 '크몽어워즈'에 선정됐다. 김태천 씨 아이디 [TEO 74]에 브랜드와 명예가 생긴 것이다.

부도난 사업가에서
억대 연봉 컨설턴트로

사업가에서 컨설팅 전문가로의 전업이 쉽지는 않았다. 고비가 많았다. 컨설팅이 어려워서가 아니다. 40대가 넘어서 새로 시작한 일이고, 스스로 자신을 학대하던 시기의 도전이기에 정신적인 피로감이 컸다. 선택을 받는 직업인 것은 맞지만 사람을 함부로 대하는 의뢰인을 상대할 때면 심리적 고충이 만만치 않았다. 그 상대가 어린 대학생일 때가 더욱 힘겨웠다. 진즉 내버린 줄 알았던 자존심이 불쑥불쑥 튀어나왔기 때문이다. 다른 수는 없었다. 절박했기에 참고 견딜 밖에는….

진상 고객이 아니라도 난감한 때는 많았다. 특히 깊은 생각이나 준비 없이 사업에 뛰어든 사람과 상담할 때, 많이 난감했다. 사업을 위한 자금 조달이 아니라 정부지원금을 타내는 것 자체가 목적임을 스스럼없이 드러내는 의뢰인을 볼 때는 쓴웃음만 나왔다.

해도 해도 끝이 없는 공부도 힘들었던 부분이다. 특히 IT분야는 어제와 오늘의 기술이 다르고, 며칠만 지나면 새로운 개념과 흐름이 생겼다. '세상 흐름에 뒤처진 사람이 무슨 컨설팅을 하겠나?'라는 위기의식이 그를 항상 공부와 긴장 속에서 살게 했다.

정부 정책도 꾸준히 지켜봐야 했다. 정부 정책에 맞는 컨설팅은 기본 중 기본. 정부 지원사업에 합격한 사례를 살펴보면서 어떤 식의 접근이 필요한지 미리 대비하는 것도 빼놓을 수 없는 일과였다.

다행인 점은 지금까지는 컨설팅의 성과가 좋은 편이라는 점이다. 정부 지원사업뿐 아니라 엔젤투자나 벤처캐피탈의 투자, 대기업과의 연계 등에 대한 컨설팅의 상당수가 좋은 결과로 이어졌다.

남다른 비법? 물론 있다. 무조건 투자자 관점에서 바라보는 것이 핵심이다. 의뢰인에게 "자신이 투자자라면 이 프로젝트에 투자할 것

인가"에 대한 답을 찾아보게 했다. 투자받는 사람은 자신의 프로젝트가 대단하다고 생각하겠지만 투자자 관점은 다르기 때문이다.

투자자에게는 자금이 왜 필요하고 어디에 집행할 것인지, 몇 년 뒤에 어떤 식으로 회수할 수 있을지 명확히 제시해야 한다. 기본 중의 기본이지만 이 차이를 알고 접근하느냐, 모르고 접근하느냐의 차이는 크다. 강조해야 할 포인트가 달라지고 준비해야 할 자료와 데이터가 달라지기 때문이다.

덧붙이자면, 투자를 받고 싶으면 주식시장의 핵심 키워드로 꼽히는 PER(주가수익비율)를 염두에 두고 준비하는 것이 좋다. PER(Price Earning Ratio)는 주가가 1주당 수익의 몇 배가 되는가를 나타내는 지표. 물론 이제 출발선에 있는 스타트업에게 상장회사의 지표를 적용하기는 어려운 게 맞다. 그렇지만 김태천 씨가 "애초부터 PER를 염두에 두고 사업계획을 세워야 한다"고 말하는 이유가 있다. 코스피나 코스닥에 상장된 유사업종의 PER를 비교해서 비전을 제시하면, 그 자체가 투자자에게는 훌륭한 판단 기준이 된다는 점이다.

따라서 시장조사 능력은 필수 요소가 된다. 투자자를 설득하려면 시장 규모와 성장 가능성 등을 입증해야 하는데, 그런 데이터가 현실에는 존재하지 않는 경우가 대부분이기 때문이다. 따라서 이를 간접적으로 증명할 수 있는 데이터를 찾아 다듬는 과정이 필요하다. 그래서 관련 데이터가 어디에 있고, 어떤 데이터 등과 연결지으면 유용한 데이터가 되는지를 판단, 조립하는 것 자체가 큰 능력이 된다. 김태천 씨의 컨설팅이 남다른 이유다.

재능 마켓의 프리랜서도 일종의 사업이라고 보면 김태천 씨는 이미 상당한 성과를 거뒀다. 불과 7년 만에 부도난 사업가에서 이제는 월 2,000만 원 이상 버는 컨설팅 전문가의 삶을 일궜다. 자존심 버리고 눈물 훔쳐가며 고생한 결과다.

투자자, 심사위원 입장에서 생각하라

그가 꼽는 성공 비법은 세 가지.

첫째, 크몽에서 자리를 잡으려면 사이트 내 광고는 필수다. 의뢰인이 카테고리로 검색했을 때 상위 노출되어야 매출이 생길 가능성이 커지기 때문이다. 게다가 매출이 생기면 크몽에서 부여하는 포인트를 받을 수 있다. 그 포인트를 다시 광고비로 사용해서 다시 매출을 올리는 선순환을 만들어야 한다. 특히 신규로 전문가 등록을 한 사람일수록 초기 광고는 필수다.

둘째, 돈 욕심보다 일 욕심을 내라고 조언한다. 소액을 받더라도 몇백, 몇천 건을 해내겠다는 마음이 필요하다. 어떤 분야든 2주만 집중하면 맥락이 보이고, 어떤 식으로 이를 보여줄지 얼개를 세울 수 있다면 나머지는 부수적인 작업에 불과할 뿐이다.

셋째, 디자인보다 논리력을 보강하라고 말한다. 사업계획서에는 정해진 틀이 따로 없다. 프로젝트마다 각각의 뉘앙스가 다르기 때문이다. 그래서 어떤 스토리와 논리로 프로젝트를 보여줄 것인지에 집중하길 권했다. 시중에서 판매하는 디자인 템플릿을 수정하는 방식으로는 프로젝트의 특성을 담아내기가 어렵다고 충고하는 것도 같은 맥락이다.

"투자자나 심사위원 입장에 서보면 비슷비슷한 디자인의 사업계획서가 지겹지 않겠어요?"

김태천 씨는 지금의 일상에 만족하고 있다. 거실로 출근하고 안방으로 퇴근하는 모든 하루하루가 감사하다고 한다. 어렵게 찾은 행복인 만큼 이를 위험에 빠뜨리는 어떤 시도에도 뜻이 없다. 주변에서 "50이면 나이도 한창이고, 형편도 좋아졌으니 다시 사업을 해보지 않겠느냐"는 권유를 자꾸 하지만 그냥 웃어넘길 뿐이다. 지금 하는 일도 엄연한 사업이기도 하고 더 나아갈 방향도 찾았기 때문이다. 앞으로는 온/오프라인 강의를 통해 사업 경험이 없는 사람이나 경험이 부족한 대학생을 돕는 일에 매진할 계획이다. 그것이 수렁에 빠진 자신을 믿고 일을 맡겨준 의뢰인들에 대한 최소한의 보답이라는 생각에서다.

"꼭 지옥에서 살아 돌아온 느낌입니다. 크몽 덕분이죠. 저를 믿어준 많은 의뢰인 덕분이기도 하고요. 그래서 더욱 초심으로 살아야죠. 교만하면? 훅 가요. 하하." ☺

힘들게 얻은 모든 경험은 훌륭한 자산이다

논문 컨설팅전문가 / edu

엔터테인먼트 시장에서 가끔 등장하는 '얼굴 없는 가수' 마케팅은 일종의 신비주의 전략이다. 의도적으로 가수의 얼굴을 숨겨서 대중들의 호기심을 자극한다. 외모가 좀 부족하거나 때때로 외모에 가창력이 가려지는 것을 싫어하는 실력파 가수들의 데뷔전략으로 사용되는 기법이다.

외모는 체대 교수, 내면은 교육학 교수

재능 마켓 크몽의 글쓰기 카테고리에서 활동하고 있는 아이디 [edu]의 서○○ 교수(45세)는 소위 '얼굴 없는 교수님'이다. 3년 전부터 논문컨설팅 쪽에서 급부상했다. 1:1 대면 강의가 아니면 그의 얼굴을 아는 사람이 거의 없다. 평소 Zoom 프로그램을 이용한 온라인 컨설팅을 주로 하는데, 카메라 앵글이 논문 노트에서 벗어나지 않는다. 의뢰인과 컨설턴트가 서로의 얼굴을 노출하지 않은 채 컨설팅을 진행하는 방식이 그를 '얼굴 없는 교수님'으로 만든 셈이다.

직접 만나 본 얼굴 없는 교수님의 첫인상은 한마디로 호감형이다. 키도 크고, 체격도 좋다. 목소리도 우렁우렁 자신감이 넘친다. 얼핏 보면 체대 교수님 감인데 교육학을 전공한 박사님이다. 고려대학교 교육학과 출신으로 석사 논문 이후 박사과정 전에 발표한 학술 논문만 6편, 박사 논문까지 포함하면 논문 쪽 내공이 상당하다. 현재 경기도 소재의 한 대학에서 강의를 맡고 있다.

그렇다고 서 교수가 평탄하게 학자의 길만 걸어온 것은 아니다. 대학 졸업 후부터 대학교수로 임용되기 전까지 교육 사업을 했다. 2007년, 국내외 유적지를 탐방하는 현장 교육 중심의 사설학원을 열었다. 왕조나 발생 연도를 달달 외우는 기존 역사교육의 한계를 뛰어넘는 살아있는 교육을 펼쳐 보이겠다는 의도에서다. 당시에는 현장 교육이라는 인식이 없었던 때라 젊은 서 대표의 도전은 쉬운 일이 아니었다. 게다가 자본이 부족해서 변변한 사무실도 마련하지 못했다. 인터넷 카페 하나가 유일한 홍보 채널이자 수강생 모집 경로였을 정도다.

사업 초기의 고전은 당연했다. 현장 교육을 하려면 최소한 10명 정도의 수강생이 모여야 하는데 수강생이 모이지 않았다. 현장 교육의 필요성은 충분했지만, 그 교육을 맡은 학원이 잘 알려지지 않은 탓이다.

의욕은 있는데 정작 대상이 없는 무기력한 시간을 보내던 어느 날, 서 대표는 논현동 주민센터에서 '무료 체험 역사 교실'을 열었다. 이래저래 노력해 봐도 학생들이 모이지 않는다면, 차라리 인지도라도 높여 보자는 마음으로 결행한 '비장의 한 수'다.

주민센터 프로그램의 특성상 학생보다는 어른, 그중에서도 자식 교육에 관심이 높은 엄마들을 주요 대상으로 삼았다.

"엄마가 가장 큰 스승입니다!"

당시 내걸었던 케치프레이즈다. "부모가 먼저 살아있는 역사교육을 겪어 봐야 자식에게 권할 수 있지 않겠느냐"고 웅변했다.

그의 메시지는 효과가 있었다. 무료 체험이라는 소리에 마음의 문턱을 낮춘 엄마들이 모이기 시작했다. 그렇게 모은 강남 엄마들과 서울 곳곳의 유적지를 찾아다녔다. 전철이나 버스를 타고 당일치기로 다녀오는 역사탐방은 회차가 거듭될수록 호응을 받았다.

그렇게 1년쯤 지나자 수강생이 달라지기 시작했다. 엄마가 자식을 데리고 나오기 시작하더니 나중에는 유료 체험으로 전환해도 수강생이 늘었다. "현장 교육도 충분한 시장이 있다!"는 서 대표의 비전이 구체적인 성과로 나타나기 시작한 셈이다. 방학 시즌에 맞춰 해외 유적지까지 탐방 범위를 넓힌 것은 두 번째 한 수가 됐다. 미국, 유럽, 인도, 네팔 등지의 역사적 유적지를 다녀오는 것인데, 특히 강남 지역 유명 사립학교들의 호응이 컸다. 주말을 낀 연휴나 명절 시즌, 방학 기간의 매출이 커지면서 사업의 체계가 잡혔다. 사무실도 확장하고, 직원도 5명을 채용했다. 사업적으로 번듯한 외양을 갖춘 것이다.

문제는 지출은 고정적인데 수입이 들쑥날쑥하다는 점. 주말과 방학 기간에 매출이 집중된 탓이다. 사업과 병행하며 다니던 대학원의 학비와 네 식구 생활비를 감당하기가 만만치 않았다.

"임대료는 고사하고, 직원들 한 달 치 월급 정도만 여유가 있었으면 좋겠다고 바랐던 시기죠. 하하."

고생 끝에
낙이 온다는 말은 팩트다

그러던 중 경기도 소재의 한 대학에 교수 자리가 났다. 청소년지도사 1급 자격이나 평생교육사 자격이 필요한 자리다. 서 대표는 이미 청소년 정책 관련 활동이나 관련 기관을 운영한 경력을 가지고 있었고, 평생교육사 자격증까지 획득했던 터라 자격은 충분했다. 여기에 대학생을 가르치는데 필요한 전문성도 갖추고 있었다. 학부에서는 교육학을 전공했고, 고려대 대학원에서 평생교육, 인적자원개발(HRD) 및 성인계속교육 석사 및 박사과정을 밟아 둔 것이다. 모든 게 역사체험 문화교실을 운영하면서도 대학원 공부를 포기하지 않았던 고집과 끈기가 가져온 결과다.

남들 보기에는 사업과 학업의 병행이 쉬워 보일 수 있겠지만 서 대표가 겪은 현실은 절대 만만치 않았다. 사업은 적자 즈음에서 허덕이고 있었고, 대학원에서는 그가 온전한 한 명의 학자임을 증명해 내길 강요했기 때문이다. 사업에서는 들쑥날쑥한 매출이 그를 괴롭히는 원인이었고, 대학원에서는 학술논문과 석사 논문, 박사 논문을 준비하는 과정이 그를 괴롭게 했다. 회사 매출은 아내나 직원들이 조금씩 도와줄 수 있는 부분이지만 논문은 오롯이 그가 감당해야 할 몫. 회사 운영보다 대학원 생활이 조금 더 힘들었던 것으로 회상하는 이유다.

학계에 명망이 높은 지도교수는 너무 바쁜 사람이었고, 잠깐씩 얼굴을 마주해도 깊은 대화가 힘들었다. 논문을 준비하는 대학원생이 한둘이 아니었기 때문이다. 그러면서도 깐깐하기는 얼마나 깐깐한지 논문 한 편 허투루 통과시키지 않았다. 그런 지도교수로부터 한 명의 학자로서 인정받기 위한 논문 작업은 그를 피 마르게 했다.

특히 첫 번째 석사 논문이 가장 힘들었다. 무엇을 써야 할지, 어떤 가설을 세우고 어떤 과정으로 결론을 입증할지, 데이터는 어디에서 찾거나 만들어야 할지, 모든 것이 막막하고 답답하기만 했다.

결론부터 말하면 첫 석사 논문은 지도교수의 허락하에 동료 대학원생들의 논문과 함께 논문집에 실렸다. 그럼에도 서 대표의 마음은 편치 않았다. 사업과 학업의 병행이라는 핑계로 모면하기에는 자신의 논문 완성도가 부족해 보였던 탓이다. 당시 배포된 논문집을 지금이라도 회수하는 것이 그의 버킷리스트 목록 중 하나일 정도란다.

어떤 일이든 처음이 가장 힘든 법이던가. 두 번째 논문은 나름 만족스러웠고, 세 번째 논문부터는 과정을 즐길 수 있게 됐다. 막연함이라는 두려움을 극복하고 보니 보이는 게 많았고, 지도교수의 말 한마디에 담겨 있는 의미를 알아듣는 수준 자체가 높아졌다. 박사과정 전까지 6편의 학술 논문을 발표한 것은 한 명의 학자로서 스스로 학문적 성취를 세상에 내보이고자 하는 자긍심의 발로였다.

사업 경력과 논문 실적에서 충분히 준비된 사람임을 입증한 그에게 교수채용 면접은 일종의 통과의례와 다름없었다. 충분한 자질과 좋은 인상, 강남 아줌마와 학생들을 사로잡았던 만만치 않은 내공이 면접위원 모두에게 전달되었다.

대학으로부터 최종 결과를 통보받으면서 서 대표는 서 교수가 됐다. 기존의 역사문화교실은 초창기부터 함께 고생했던 아내가 맡아 운영하기로 했다. 이제부터는 논문을 심사받던 서 대표가 아니라 논문을 심사하는 서 교수의 삶이 시작된 셈이다.

논문은 포기만 하지 않으면 어떻게든 완성된다

교수로 활동하면서 가장 신경 쓰는 부분은 논문 지도다. 자신이 첫 논문 작업에서 느꼈던 그 막막함과 두려움이 얼마나 큰 스트레스인지 누구보다 잘 알기 때문이다. 그렇다고 '오냐 오냐' 하는 식으로 떠먹일 생각은 없었다. 논문 작성 과정의 고통이야말로 한 명의 학자로 거듭나기 위한 필수과정이기 때문이다. 줄탁동시(啐啄同時). 알 속에서 껍질을 쪼는 새끼병아리의 몸부림에 외부에서 어미 닭이 함께 쪼아주는 식의 응원이면 충분하다는 생각이다. 충분한 관심을 두고 깐깐히 심사할 것. 서 교수가 생각하는 지도 방향이다. 한 가지 더. 잔소리가 무관심보다 낫다. 최소한 지도교수가 너무 무관심한 것 같다는 인상은 주지 않을 작정이었다.

제자들은 동의할 수 없을지 모르겠지만 애정 어린(?) 잔소리, 쓴 소리는 서 교수의 트레이드 마크가 됐다. 특히 역량이 있는 제자를 지적할 때는 눈물이 쏙 빠지도록 혼을 냈다. 그렇게 해야 스스로 앞을 헤쳐나가는 동력이 생긴다는 믿음에서다. 어차피 논문이란, 아무리 과정이 괴롭고 힘들어도 스스로 포기하지 않으면 언젠가 끝에 도달하게 된다는 게 그의 지론이기도 하다.

다만 무턱대고 혼내는 것은 경계하고 있다. 논문의 원고 한 줄 한 줄을 붙들고 어느 부분이 모자라고, 어떻게 잘못됐는지 어르고 달래는 등 신경을 많이 썼다. 미워서 혼내는 게 아니라 애정이 있기에 더 높은 향상심을 요구하는 것임을 전달하기 위해서다. 겉은 엄하지만 속은 여린 '츤데레 교수님'이 그의 본 캐릭터인 모양이다.

츤데레 교수님이 바라볼 때, 제자들이 논문 준비 과정에서 가장 힘겨워하는 대목은 '주제 설정'이다. 어떤 주제를 잡아야 할지 몰라서 그 주제를 찾는 일에 많은 시간을 쓰고, 스트레스를 받는다는 점이다. 지도교수라고 해도 제자의 논문 주제까지 정해줄 수는 없는 법. 대신 제자가 생각한 테마가 논문 주제로 적합한 것인지 아닌지를 구별하는 노하우는 알려주고 있다.

그가 알려주는 노하우란, 어떤 주제를 정했을 때 그 주제와 관련

된 선행 연구를 찾아보라는 것. 국내외의 학계 논문을 뒤져서 선행된 연구 논문이 있는지, 없는지를 파악할 것을 주문했다. 선행 연구가 없다면? 그 주제는 연구할 수 없거나, 연구할 가치가 없다. 논문주제로 부적합하다는 말이다.

그나마 조금이라도 선행 연구가 있다면 선택지가 생긴다. 선행연구에 미비한 영역이 남았다면 그 부분을 차별화 포인트로 잡고 연구해서 논문을 쓰면 된다. 만약 미비한 영역이 없다면, 주제를 바꿔야 한다. 똑같은 연구를 다시 할 필요는 없으니까.

제자들의 논문을 지도하면서 알게 된 것이 '크몽'이다. 3년 전부터 논문을 준비 중인 제자들의 대화 속에서 '크몽'이라는 단어가 빈도 높게 등장한 것이다.

'요 녀석들, 논문 대필 사이트를 들락거리나?'

컨설팅은 역량만 있으면 평생직업이다

호기심에 사이트를 검색해 찾아봤는데 논문 대필 사이트가 아니었다. 어떻게 논문을 써야 할지를 모르거나, 어디서 필요한 데이터를 구해야 하는지를 모르는 사람들이 나름 전문가라 자칭하는 이들의 도움을 구하고 있었다.

학사 논문이나 석사, 박사 논문만이 아니었다. 각종 학술지에 게재할 논문을 준비하는 이들도 컨설팅을 받고 있었다. 회사 다니는 연구원이나 진급에 필요한 실적용 논문을 준비하는 직장인도 많았다.

그러던 중 발견한 이상한 점 한 가지. 학사 논문 한 편이 전부인 사람이 전문가 행세를 하고, 석사 학위자가 박사 논문을 컨설팅하고 있는 것들이 보였다.

'에이, 이것은 아니지. 차라리 나한테 물어보면 될 텐데…'

그 '차라리 나한테…'라는 생각이 서 교수를 크몽 전문가로 등록하게 했다.

현직 교수의 프리미엄 때문일까? 컨설팅 상담이 쏟아졌다. 상담 후 몇 건의 컨설팅을 수주했다. 그렇게 시작한 논문컨설팅은 체질에 맞았다. 돈 버는 재미와 별개로 주말과 방학 시간을 알차게 보낼 수 있다는 점이 좋았다. 무엇보다 평소 제자들에게 하던 대로 하면 된다는 점이 이 일에 몰입하게 된 가장 큰 배경이다.

논문 초안을 한 줄 한 줄 살펴 가며 상담을 했고, 필요할 땐 눈물이 쏙 빠지도록 쓴소리를 했다. 돈 받고 하는 일이기에 더욱 어영부영할 수 없었다. 나중에는 아예 '눈물 예고제'를 실시했다. 제대로 할 생각 없으면 상담조차 신청하지 말라는 일종의 경고다.

무작정 날만 세운 것은 아니다. 아주 소액으로 '30분, 맛보기 컨설팅'을 병행했다. 잠깐일지라도 서로의 스타일을 알아볼 기회는 필요하다는 판단이 들어서다.

이 맛보기 컨설팅은 효과가 좋았다. 스타일이 안 맞는 의뢰인 대신 믿고 따라와 주는 의뢰인을 만날 수 있었다. 그렇게 3년. 그동안 만난 온라인 제자가 430명이다.

물론 돈만 보고 하는 일은 아니라지만 돈을 빼면 오래 할 수가 없다. 이미 교수라는 안정된 직업과 아내의 학원 수입을 고려하면 언제 그만둬도 그만인 부업이지만, 이게 또 그렇지가 않다. 무엇보다 가르치는 것이 즐겁다. 인생의 중요한 과정에서 논문이라는 난관을 마주친 누군가를 돕는다는 보람이 크다. '너무 고맙습니다'로 시작하는 후기도 중독성이 있다.

서 교수는 앞으로도 이 즐거움을 포기할 생각이 없다. 노트북과 인터넷만 있으면 세상 곳곳이 상담실이고, 역량만 녹슬지 않으면 정년도 없기 때문이다.

"하루 종일 떠들죠. 주말과 방학에 더 바쁘고요. 그래도 어쩔 겁니까? 이 일이 좋은데요. 할 수 있을 때까지 해야죠. 하하."

그의 크몽 전문가 아이디 [edu]는 Education(교육)에서 따온 것이 분명하다. 천생 교육자다. ☻

2부

크몽 고수들에게 길을 묻다

최규문

쇼핑몰 실패를 딛고
쇼핑몰 구축전문가로!

쇼핑몰 구축전문가 / 클로직스튜디오(서운솔)

"교수님, 저 서운솔이에요. 예전에 화방넷에서 일할 때 뵈었던. 혹시 기억 나세요?"

인터뷰 계획 중 그에게서 전화가 걸려 오리라곤 생각지도 못했다. 그를 마지막으로 본 게 어림잡아 6년은 족히 넘었으니까. 이래서 세상이 좁다는 걸까. 놀란 건 나보다 오히려 상대편이었다. '크몽으로 성공했다'고 할 만한 이들로 인터뷰에 응해줄 분들을 추천해 달라고 크몽 측에 요청하고 한 주나 지났을까, 전달받은 명단에는 76명의 이름이 있었다. 그중 한 명이었지만 설마 그게 이 친구의 이름일 거라고는 짐작도 못했다.

꽤 오래전부터 '페이스북 친구' 사이였지만 무늬만 친구였을 뿐 이름마저 가물거린다. 남은 기억이라곤 당시(아마도 2017년 겨울께였을 듯) 화방넷이라는 페이스북 페이지에서 라이브로 진행했던 [페이스북 실전 활용법 강좌] 시리즈 중계 때 바로 옆에서 방송 스탭으로 거들어준 짧은 인연이 거의 전부이다.

전화를 걸어온 '페친'의 이름은 서운솔, 크몽 검색창에 '클로직스튜디오'라는 키워드를 넣고 [전문가] 탭을 클릭하면 나온다. 우산을 준비해야 할지 말아야 할지 어중간한 흐린 봄날 점심, 그를 만난 곳은 용산역 아이파크몰 투썸플레이스! 용산역을 미팅 장소로 택한 이유는 그가 서울이 아닌 경기도, 그것도 남쪽 끝 평택에 산다고 했기 때문이다. 오랜만의 서울 행차라 찾느라 몇 바퀴 헤맸다며 약속 시간을 조금 넘겨서야 나타난 인터뷰 주인공은 깨끗한 얼굴에 배트맨을 떠올리게 하는 안경을 낀 해맑은 표정의 청년이었다.

반가왔다. 사람 사이 인연이란 게 참 신기하다 싶어서 더욱이나. 그동안 어찌 지냈냐는 인사말을 나누기가 무섭게 궁금해서 곧장 질문에 들어갔다.

"언제, 어떻게 크몽을 시작하게 된 거죠?"

지난 6~7년에 걸친 그의 인생 변환 스토리가 한 시간 남짓 펼쳐지기 시작한다.

"크몽에 전문가 계정을 오픈한 건 2년 반 정도 되었을 거에요. 본격적으로 업 삼아 크몽을 시작한 건 2년 전부터구요."

성신여대역 인근 주택가 이층집 한 채를 개조해서 사무실로 쓰던 화방넷에서 그를 봤던 게 2017년 말 무렵이다. 5~6년 만의 재회인 터라, 나름 성공한 크몽 프리랜서로 등장한 그의 그간 소식이 궁금하지 않을 수 없었다.

"20대 후반에 부장직을 맡고 보니 실무보다 직원 관리 일이 대다수를 차지하더라구요. 너무 일찍 올라간 탓에 배움이 부족하단 생각이 들어 무작정 퇴사를 했죠. 다른 곳에 면접도 보고 했는데 딱히 마땅한 곳이 없었어요. 마침 여자친구도 직장이 없던 때라 카페 24로 물건을 팔아보면 어떨까 싶어 먼저 쇼핑몰 창업에 도전을 했죠."

크몽은 쇼핑몰을 운영하면서 부수입 목적으로 시작한 것이란다. 자신있게 시작한 쇼핑몰. 그렇지만 막상 시작해 보니 운영비에 대한 예산을 잘못 추정했다는 걸 깨닫는데 그리 오래 걸리지 않았다. 좋은 아이템으로 광고 집행만 조금 잘 하면 어렵지 않게 팔릴 거라 생각하여 이리저리 돈을 쓰다 보니 통장이 금방 바닥나기 시작했다.

인건비랑 사무실 임대료가 부담이었다. 기껏 어렵게 올린 매출로 모은 돈 이리저리 다 쓰고 통장에 마이너스 2천만 원이 찍힐 때쯤 코로나까지 덮쳤다. 경기가 악화되고 소비가 둔화되기 시작하면서 사업은 더 힘들어졌다. 동료 파트너로 일을 도와주던 여자친구에게 월급도 제때 못 챙겨주는 신세가 되었다. 절박했다. 뭐라도 하지 않으면 안되겠다는 생각에 크몽을 찾게 되었다. 쇼핑몰을 운영하면서 겪고 깨달은 팁들을 모아 서비스로 올려놓았다.

카페24 지역센터에서 알게 된 사장님들의 개발 업무를 옆에서 조금씩 거들어주면서 생긴 노하우가 있었기에 그걸 밑천 삼아 부업 아이템으로 가꾼 셈이다. 이게 크몽과 인연을 맺게 된 시작이었다.

"고객들이 어떤 니즈로 우리 서비스를 구매할지 처음에는 잘 몰랐죠. 그래서 확실하게 해드릴 수 있는 서비스로만 한정하여 쇼핑몰 구축 개발 상품을 올리고 60만 원에 팔기 시작했어요."

쇼핑몰 웹사이트 개발의 핵심은 개발자가 상담을 통해 사실상 컨설팅을 해줘야 된다는 점이다. 쇼핑몰 운영자 태반이 홈페이지가 뭔지도 모르고 시작하는 초보인 경우가 대부분. 때문에 사전 상담이 필수였다. 이 점에 착안하여 단순 페이지 제작 대행보다 기획 단계에서 상담에 더 많은 시간과 노력을 쏟았다. 덕분에 좋은 리뷰가 쌓이기 시작했고, 그 과정에서 고객들이 어떤 부분을 원하고 더 필요로 하는지 알아챌 수 있게 되었다.

"월급도 못 챙겨주던 여친이랑은 어찌 되었나요?"

반은 농담 삼아, 반은 진짜 궁금해서 훅 질문을 던졌다.

"여자친구랑은 내년 2월에 결혼합니다. 크몽을 시작하기 전, 쇼핑몰 사업으로 어려운 시절을 보낼 때 월급도 제대로 못 받으면서 늦게까지 일하기 일쑤였어요. 그런데도 저를 믿어 주고 응원해 주며 8개월이 넘게 꾸준히 함께해 준 파트너죠. 정말 고마웠습니다. 크몽을 시작할 때도 '잘할 수 있을 거야'라며 응원해 준 사람이고. 지금도 늘 제 편이 되어 주고 있는 친구죠. 평생 어딜 가도 이런 사람은 다시 못 만날 것 같아 결혼을 약속했습니다. 쇼핑몰 개발 수익이 점차 늘어서 지금은 코로나 때 빌린 돈도 다 갚고 비록 지방이지만 집도 한 채 얻어서 지낼 수 있게 되었으니 정말 감사할 일이죠."

고객 맞춤형으로 개발을 해주다 보니 개인 소상공인보다 얼마간 규모를 갖춘 업체들의 의뢰 수요가 더 많단다. 인터뷰 중 문득 이 코너에서 들려주면 좋을 이야기는 크몽 성공 요령이 아니라, 무작정 준비 없이 인터넷 쇼핑몰에 도전하는 초보자 분들에게 해줄 수 있는 가이드 조언이나 경험담이겠단 생각이 더 굳어졌다. 그래서 물었다.

"직접 쇼핑몰을 하다가 실패해 본 입장에서, 새로 쇼핑몰에 도전해 보려는 분들에게 앞선 경험자이자 개발자로서 해주고 싶은 조언이 있다면?"

"처음에는 작고 빠르게 시작해 보라고 말씀드리고 싶어요. 화려하고 멋진 쇼핑몰 제작을 위해 돈을 들이기보다 쇼핑몰 구축 개발에 드는 초기 비용을 최소화하세요. 쇼핑몰은 디자인도 중요하지만 제일 중요한 건 상품이에요. 쇼핑몰은 상품을 보여주는 공간일 뿐이죠. 따라서 이 상품이 고객에게 속된 말로 '먹히는지' 테스트해 보시는 게 진짜 중요합니다! 그러니 디자인이나 기능 개발에 쓸 돈을 아껴 광고나 홍보에 쓰세요. 우리 상품이 시장에서 어떤 평가를 받는지 확인하는데 사용하는 편이 사업을 오래, 크게 키우는데 도움이 될 겁니다."

"클로직스튜디오가 다른 쇼핑몰 제작 대행 업체나 경쟁자들과 가장 차별화된다고 생각하는 포인트는 뭔가요?"

돌아온 답은 심플했다.

"단순히 쇼핑몰을 구축해 주는 데서 끝내지 않고 쇼핑몰 운영 방
안에 대한 조언까지 추가로 제공해 준다는 점이겠죠."

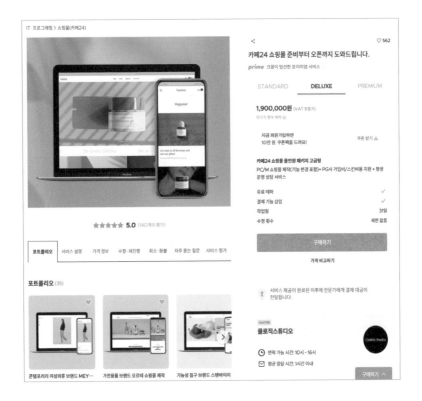

고객 서비스용 콘텐츠를 제공하기 위해 유튜브 채널도 개설해서
운영을 시도해 보긴 했는데, 일거리가 밀리다 보면 영상을 만들어 올
릴 여유를 갖지 못해서 마음처럼 자주 콘텐츠를 올리지 못해서 많이
아쉽다고 덧붙인다.

"유튜브 채널을 개인이 운영하는 콘셉트로 가려고 했는데 은근히 손이 많이 가더군요. 쇼핑몰을 어떻게 시작하면 좋은지, 디자인 레이아웃은 어떤 기준으로 선택하면 되는지, 이런 것들에 대해서 포괄적인 내용을 우선 다루고 있습니다. 반응이 좋아서 앞으로 시간이 되는 대로 틈틈이 올려볼 생각이에요."

"2년이면 비교적 짧은 기간에 급성장한 편인데, 경쟁 노하우는 뭐라고 생각하시나요?"

"지난 성장 과정을 통해 돌아보면 무엇보다 중요한 것은 경험을 통해 클라이언트의 니즈를 파악하고 우리만의 강점을 서비스에 녹여 내는 것이라고 생각해요. 크몽에서 '카페24 쇼핑몰 제작 서비스'를 처음 시작할 때, 이미 유사한 서비스를 제공하는 경쟁사들이 여럿 있었어요. 당연히 우리보다 경험도 많았구요. 그에 반해 저희는 카페24 지역센터에서 알게 된 업체들의 쇼핑몰을 만들어준 경험이 전부였죠. 그래서 처음에는 경험을 쌓기 위해 서비스를 최저가로 판매했어요. 프로젝트를 진행하는 동안 끊임없이 클라이언트의 니즈에 맞추어 서비스를 개편해 나갔죠."

어느 정도 경험이 쌓였을 때부터 가격도 경쟁사와 비슷하게 설정하고, 동시에 클라이언트가 경쟁업체의 서비스보다 우리 서비스를 이용해야 하는 이유를 만들기 시작했다. 다행히 쇼핑몰을 운영해 본 경험이 있었기 때문에 '쇼핑몰 운영 상담'이 큰 경쟁력이 되어 주었다. 코로나 환경도 있고 개발 업무의 특성상 굳이 대면 미팅을 하지 않아도 되는 문화가 커지면서, 여친과 결혼을 약속한 이후 평택으로 흘러가 자리를 잡게 되었단다.

"혹시 고객의 리뷰를 좋게 얻기 위해서 따로 작업을 하는 게 있나요?"

"무엇보다 클라이언트 입장이 되어 먼저 생각해 보는 겁니다. 전문가들은 자신이 알고 있는 것들 중 기본적인 건 딴 사람도 당연히 알 거라 생각해서 답변을 대충 하는 경우가 많죠. 그런 답변은 고객에게 충분치가 않아요. 그래서 저희는 받은 질문에 최대한 자세히, 그리고 친절히 설명드리려고 노력해요. 좋은 리뷰를 얻기 위해 자세하고 친절한 상담을 한 건 아니에요. 제가 쇼핑몰 창업에 실패한 경험이 있고 그로 인해 힘든 상황을 겪어 보았기에, 제가 드리는 정보가 조금이라도 도움이 되었으면 하는 마음으로 상담을 해드린 건데 그게 좋은 후기로 이어지고, 선순환 구조를 만들어준 것 같아요."

"크몽 플랫폼을 통해 마케팅을 할 때 얻을 수 있는 제일 큰 장점은 뭐라 보세요?"

"크몽이 저희 대신 마케팅을 해주는 셈이니까 따로 영업에 시간과 비용을 쓰지 않아도 되는 게 가장 큰 장점이라고 생각해요. 사실 저희 같은 소형 에이전시는 고객과의 접점을 만드는 게 쉽지 않아요. 크몽이 생기면서부터 영업에 크게 신경 쓰지 않고 프로젝트에만 집중할 수 있게 되었죠. 덕분에 저희 서비스의 품질도 높아질 수 있었고요. 시간과 비용은 줄이고 전문성은 높였으니 '일석이조'라고 할 수 있죠!"

"크몽을 업으로 삼아 일하면서 느끼는 보람이라면 어떤 게 있을까요?"

"저희가 컨설팅해 드리거나 쇼핑몰 제작을 도와드린 업체가 날이 갈수록 매출이 커지고 운영이 잘 될 때 제일 큰 보람을 느낍니다. 쇼핑몰 실패 경험에 대한 대리만족인지 몰라도 다양한 브랜드들의 성장 과정을 함께 경험할 수 있어서 좋습니다. 저희 서비스를 이용한 대표님들이 다른 고객을 소개시켜주거나 새롭게 런칭하는 브랜드를 맡겨 주시는데, 이럴 때에도 보람을 느끼게 됩니다. 우리가 믿음을 주고 있구나 싶고, 그렇게 가치를 인정받는 것 같아서요."

"쇼핑몰을 운영하거나 개발할 때 특히 유의할 점이라면?"

"현재의 자원, 즉 인력과 예산에 대한 객관적인 평가가 중요한 것 같아요. 예를 들어 관리 인력도 없는데 많은 배너나 기능을 가진 쇼핑몰은 금물이에요. 보기엔 좋을지 몰라도 자칫하면 관리가 되지 않는 쇼핑몰이라는 인상을 주기가 쉬워요. 그러면 판매에 오히려 악영향을 미치게 되죠. 쇼핑몰 구축에 돈을 많이 쓰면 그만큼 상품에 대한 투자나 마케팅에 쓸 예산이 줄어 예산 배분 효과가 떨어지죠. 크몽 안에 여러 전문가들의 다양한 서비스가 있으니, 우리가 진행해야 하는 서비스는 뭐고 그런 서비스를 진행하려면 대략 얼마의 예산이 필요한지를 먼저 확인해 보시길 권합니다."

쇼핑몰을 처음 설계할 때 가장 중요하게 고려해야 할 요소가 뭔지, 아임웹이나 카페24 중에서 어떤 게 더 좋을지 묻는 데도 답이 명쾌했다.

" 가장 중요한 게 '쇼핑몰 솔루션'을 선택하는 겁니다. 나중에 솔루션을 변경하려면 DB를 이전해야 되는데 이 작업은 꽤 많은 시간과 비용이 필요하거든요. 완벽한 DB 이전이 어려운 경우도 많고요. 카페24보다 아임웹이 더 간편하고 관리가 쉽습니다. 다만 상대적으로 커스터마이징이 제한되는 경우가 많고 기능도 제한적이죠. 반면 카페24는 아임웹보다 기능이 많기 때문에 복잡하고 익숙해지는데 시간이 필요합니다. 그리고 자유도가 높아 어느 정도 커스터마이징도 가능하죠. 그러니까 1인 기업이나 다양한 기능이 필요하지 않은 경우엔 아임웹을 권하구요. 추후 확장성이 좋아야 하고 관리할 수 있는 여력도 있다면 카페24를 선택하시면 좋을 거예요."

"쇼핑몰 운영을 잘 하는 사업자 분들의 공통점이 있다면 어떤 걸까요?"

"쇼핑몰을 잘 운영하는 업체는 '고객에게 관심을 가진다'는 점일 거예요. 고객 정보를 토대로 제품을 개선하고 브랜딩과 마케팅 방향을 정합니다. 아주 당연한 말로 들리겠지만, 이 과정을 진행하기 위해서 많은 고민이 필요한데, 많은 대표님들이 고객에 대한 진지한 고민 없이 단순히 '가격 경쟁력'과 '광고'에만 의존하려는 경우가 많아요. 가격 싸움은 결국 치킨 게임이고, 광고도 고객이 다시 찾아오지 않으면 좀처럼 수익을 내기 어려운 게 현실이에요."

멋모르고 쇼핑몰 사업에 도전했다 실패하고 빚까지 쌓인 적이 있어서인지 그의 말 속에는 처음부터 끝까지 새로 쇼핑몰 시작하시는 초보자 분들이 제발 실패하지 말았으면 하는 진심이 표정으로 배어 나오는 게 느껴진다. 슬며시 장난기가 발동해 질문을 더했다.

"혹시 나중에라도 쇼핑몰 사업에 다시 도전해 볼 생각은 없으세요?"

"사실 지금도 쇼핑몰 사업을 하고 있는 셈이에요. 크몽이라는 쇼핑몰에서 저희 서비스를 판매하고 있잖아요. 그리고 카페24 디자인센터에서도 저희 디자인 스킨을 판매하고 있거든요. 디자인 스킨을 모르시는 분이 계실 수도 있는데 저희가 미리 제작해 놓은 디자인을 쇼핑몰에 바로 적용해 드리는 '디자인 패키지'라고 보시면 됩니다. 지금은 무형의 제품인 서비스를 판매하고 있지만 고객이 필요한 걸 판매한다는 관점에서는 이것도 쇼핑몰 사업의 하나라고 생각합니다."

"크몽을 통해 얻은 경험에 대해 다른 이들에게 꼭 전하고 싶은 말은?"

"부업으로라도 크몽에서 서비스를 한번 판매해 보시라 권하고 싶어요. 저 또한 안정만 원했다면 이런 도전에 대해서 크게 생각하지 않고 지금도 열심히 회사생활을 하고 있었을 거예요. 하지만 퇴사하고 크몽에서 서비스를 판매하다 보니 배우는 게 많아요. 회사 생활에 비해 수입이 일정하지 않아 불안하지만 이런 긴장감이 저를 끊임없이 성장시켜준 것 같아요. 제가 크몽을 통해 도전하고 성장한 것처럼, 다른 분들도 크몽을 통해 과감히 도전해 보고 스스로를 성장시키는 경험을 해보시면 좋겠습니다."

"끝으로 남기고 싶은 한마디만 덧붙인다면요?"

"새로운 것에 도전하는데 조금이나마 용기를 더해 줄 수 있었으면
합니다. 지금 상황이 많이 힘들지라도 나중에는 그 경험이 도움이
될 테니까요. 제가 쇼핑몰 사업에 실패한 경험을 바탕으로 쇼핑몰
제작 서비스를 출시한 것처럼 하나의 실패가 다른 성공의 바탕이
될 수 있어요. 제게 소중한 기회를 만들어준 크몽에도 무척 고맙
다는 말을 꼭 전하고 싶습니다."

확실히 젊은 사람답다 싶게 서운솔 대표는 얼굴 가득 활짝 미소를
지으면서 인증샷 몇 컷을 함께 남겼다. 오랜만의 서울행이라니 잠시
휴식을 취할 법도 하건만, 남은 일거리가 밀려 있다며 곧장 다시 내려
간다고 일어선다. 남행열차를 찾아 KTX 플랫폼을 향해 잰걸음을 옮
기기 시작하는 그의 뒷모습에서 은근한 자신감이 솔솔 배어 나온다.

상세페이지 디자인,
기획으로 승부한다

상세페이지 디자인전문가 / 누나디자인(한윤하)

두 번째로 만난 이는 여성 분이다. 주 활동 지역은 대전. 크몽 전문 가들의 특징 중 하나가, 서울이 아닌 지방에 사는 분들이 은근히 많다 는 점이다. 코로나 효과도 있겠지만, 비대면 상담이나 랜선 비즈니스 미팅 문화가 정착되면서 이제는 사는 곳과 무관하게 온라인 플랫폼을 중심으로 전국이 단일 활동 무대가 된 덕분이다.

오늘 만날 분도 대전이 집이라 하여 어디서 만나면 좋을까 잠시 고 민이 되었다. 올라오시라 할까, 내려가겠다 할까 망설이다가 '크몽 본 사는 어떻겠냐'고 물었다. 쾌히 승낙! 길가 가로수며 아파트 단지 담 너머로 벚꽃이 화사하게 피어나던 봄날 금요일 오후, 강남역 5번 출 구 앞 뱅뱅사거리 근처에 자리한 크몽 본사 라운지로 향했다.

대화를 더해 가면서 디자이너라기보다는 '꼼꼼한 기획자'로 느껴졌다. 처음 만나 인사를 나누자마자 먼저 건네받은 것은 인터뷰 설문 응답지였다. 양면을 빼곡이 글로 채운 A4 6장짜리로, 모두 10쪽이 넘었다. 문제는 책에 실을 수 있는 건 A4 서너 쪽이란 점이다. 족히 서너 배에 달하는 분량. 얼마나 꼼꼼하고 충실하게 준비하는 스타일인지 이것 하나만으로도 성품을 짐작하기에 어렵지 않았다.

응답지 앞뒷면으로 촘촘하게 적힌 글을 빠르게 훑어보면서 미안한 마음에 양해부터 구하고 대화를 시작해야 했다.

"어떡하죠, 애써서 응답지를 직접 써 주셨는데, 책에는 3분의 1도 신기 어려울 것 같아요."

염려와 달리 실망하는 기색이 없다. 하고 싶은 말을 조리있게 다 못할까 봐 글로 미리 정리해 본 것뿐이란다. 글 정리에 참고만 하시라고 상대를 안심시켜 주는 센스까지. 그렇지만 인터뷰 내내 자신의 속내를 진솔하게 보여주는 데는 주저함이 없었다.

"결혼 전 디자인 에이전시에서 웹디자이너로 근무를 했어요. 2008년 무렵엔 온라인 판매 활동을 하다가 아이를 낳게 되면서 자연스레 일을 그만두고 꼬박 5년 가까이 경단녀(경력 단절 여성) 신세로 살았죠."

　한동안 아이 키우는데 집중하느라 다른 수입원을 갖지 못한 처지였다. 다른 무엇보다 '경제적 독립'이 간절했다고. 크몽을 시작하게 된 사연에 더해 '왕년에 잘 나가던 시절'까지 풀어놓기 시작한다.

　"웹 브라우저가 나와 인터넷이 시작된 게 90년대 초였죠. 2005~6년에야 온라인 쇼핑이 나오기 시작했고요. 그 당시 일찌감치 쇼핑몰을 창업했어요. 여성 수제화를 취급했는데, 네이버 키워드 광고를 통해서 6개월 만에 월 매출 3000만원까지 올려본 적이 있어요. 아이가 자라서 유치원에 보내고 나니 반 나절 이상 시간이 나더군요. 다시 일을 해보고 싶어졌죠. 그래서 알바몬이나 셀러오션 카페 같은 데 들어가 상품 상세페이지 제작을 원하는 대표님들을 찾아서 제안 쪽지를 일일이 보내 일감을 찾곤 했죠."

그러다가 우연히 '재능 마켓'이라는 곳이 있다는 걸 듣게 되었다. 그렇게 크몽과 처음 인연을 맺게 된 게 대략 2015년 무렵.

"그때는 경력도 단절된 상태였고, 온라인 시장의 트렌드도 잘 읽지 못했어요. 오랜 육아 생활에 치여 자존감도 많이 떨어져 있던 때였고요. (자신감이 없다 보니) 디자인 작업 서비스의 가격을 무척 낮게 책정했는데, 돌아보면 그게 실수였죠."

당시 크몽의 상세페이지 제작 대행 분야 카테고리에만 60명 정도 전문가가 있었다. 재능 마켓이라는 플랫폼에 대한 신뢰가 그리 높지 않았던 때라 거래가 성사되어도 수익금이 제대로 들어올지 걱정될 정도였다고. 그래서 같은 카테고리 내에 등록되어 있는 다른 프리랜서들의 기본 옵션가(시작 가격)와 똑같은 수준으로 가격을 정했고, 실제 작업 분량과 상관 없이 기본 옵션가격에서 크게 벗어나지 않는 금액만을 받으며 일을 시작했다.

"처음엔 아이가 유치원에 있는 동안 반 나절 정도만 일할 생각이었어요. 그런데 상품을 등록한 첫날부터 상담 후 견적을 내기가 무섭게 의뢰가 들어오기 시작하는 거예요. 판매가격이 낮아서였는지 예상보다 쉽게 성사되는 거래에 놀라고 기뻤던 나머지 제 몸이 감당할 수 있을지도 생각 않고 일감이 생기면 생기는 대로 무조건 주문을 받았어요.

하루에 식사는 한 끼, 잠은 고작 3시간씩 자면서 일에만 몰두했죠. 어느 날 운전을 하던 중에 과호흡 증상이 와서 119 신세를 지며 병원 응급실로 실려 갔어요. 연예인들이나 겪는 줄 알았던 '공황장애' 진단을 받았죠. 한 달 내내 몸을 혹사해 가며 일했는데, 수수료 제하고 받은 돈은 달랑 100만원! 밤잠도 못 자고 일해서 얻은 결과가 공황장애라니 참 허탈했죠."

그때는 크몽도 초기라 카테고리별 적정가격이라 할 게 따로 없었다. 서비스가 상품이다 보니 가격 기준을 세우기도 어려웠다. 돌이켜 보면 무척 바보 같았지만, '기본 옵션가'란 게 실제 받는 금액이 아니라 손님을 모으기 위해 '미끼용'으로 보여지는 금액이라는 사실조차 그때는 몰랐다.

"과로와 스트레스로 쓰러지고 난 다음에야 제가 선택한 판매 방식의 실수를 깨달았어요. 전략을 바꿨죠. 디자이너로서 시장에서 받아들여질 수 있는 금액이 어느 정도인지 고민하면서 '박리다매' 방식을 과감히 버렸습니다. 하루에 3~4건 받던 주문을 한 건으로 줄이고, 대신 퀄리티를 높여 판매하기로 방침을 바꿨지요."

다행히 바꾼 전략이 통하기 시작했다. 고객 수가 늘어나면서 혼자서는 할 수 없는 일이 늘어나고, 처리할 수 있는 양에도 한계가 오기 시작했다. 파트너십이 필요했다. 기획자를 구하고, 다른 디자이너를 모았다. 1인 기업 형태를 유지하면서 동시에 영업 상담 및 기획, 분야별 디자인 등 각자의 전문성을 살려 팀 프로젝트 시스템을 구축했다. 지금은 대여섯 명이 '파트너십'으로 팀을 이루어 함께 일한다. 그렇게 시스템을 바꾼 지가 올해로 4년째.

"사는 곳이 대전인데, 지방에 거주하면서 의뢰 상담을 처리하는 게 어렵지 않으세요?"

고객 상담, 더구나 디자인 작업이라면 아무래도 직접 만나서 대면 미팅을 해야 하지 않을까 싶어 해본 질문인데, 돌아온 답변이 다소 의외였다. 크몽의 거래 규정이 도움이 된단다.

"직접 대면 상담을 요청하시는 고객들이 간간이 계시긴 해요. 하지만 크몽의 플랫폼 특성을 아시는 분들은 온라인으로 소통하는데 큰 불만이 없어요. 크몽의 규정상 의뢰인이 대금을 결제하기전에 전문가가 먼저 연락처를 공개하여 전화나 이메일로 직접 접촉해선 안 돼요. 크몽 시스템이 제공하는 '메신저'로만 소통한다는 규칙을 지켜야 하거든요. 이게 불편한 면도 물론 있지만 (지방에서) 비대면 상담을 주로 하는 경우에는 (꼭 직접 만나야 할 이유가 없으니) 더 유리한 측면도 있어요."

"팀으로 작업한다 하셨는데, 어느 정도 작업 양을 어떤 방식으로 분담하여 처리하나요?"

"팀원들이 각자의 전문성을 가지고 분담한다고 해도 중간에서 고객과 소통하고 관리하고 코칭해 줘야 하는 일이 은근히 많아요. 보통은 각 팀원당 의뢰받은 프로젝트를 한 사람당 한 건씩 배당해서 하나를 끝내고 난 다음에 다음 프로젝트로 넘어가는 방식으로 순차 처리합니다. 한꺼번에 여러 프로젝트를 맡기면 일정에 문제가 생길 수 있거든요. 지금은 한 달에 40건 정도가 계속해서 돌아가는 구조입니다."

실제 크몽에서 '누나디자인'을 검색하여 서비스 안내문을 찾아보면 "누적작업 약 4천 건 이상 / 3년 연속 크몽어워즈 수상"이라는 자랑이 무색하지 않을 만큼 압도적인 리뷰 수와 평점을 보여준다. 두 상품의 누적 리뷰 수가 거의 3천 건에 달하는데도 평균 평점이 4.9를 유지하다니! 놀라울 따름이다.

"최근 들어 경쟁이 많이 심화되지 않았나요, 어떤 차별화 전략으로 대응하시나요?"

"맞아요. 요즘은 경기가 안 좋은 게 체감이 될 정도예요. 더구나 제가 처음 상품 상세페이지 디자인 카테고리를 크몽에서 시작할 때 불과 60명 정도였던 전문가 등록 수가 올해(2023년) 들어서는 1400명이 넘어요. 엄청나게 경쟁이 심화된 셈이죠. 다행히 저희는 팀 체계를 갖추고 그동안 누적된 리뷰나 평점이 유지되고 있어서 아직도 꾸준히 주문이 일어나고 있어요. 그래도 고객이 유입될 수 있는 채널을 더 늘려야겠다는 생각을 안 할 수 없습니다."

늘어난 비율로만 치면 20배 수준이지만, 최상위에 올라야 그나마 노출이 되니 사실상 1천 명 이상의 경쟁자가 더 늘어난 셈이다. 그럼에도 소문이나 검색을 통해 들어오는 주문을 쳐내기만도 바쁘다. 그러다 보니 따로 홍보 대책을 세워두지 못한 게 늘 아쉬움으로 남는다.

"크몽에 대한 영업 의존도가 높은 곳일수록 행여라도 크몽이 없어지기라도 하면 어떡하지 하는 고민을 하는 경우가 많아요. 저희도 그런 편에 속하죠. (ㅎㅎ)"

"그래도 쇼핑몰 디자인 분야에서는 크몽에서 최고 성과를 찍고 일가를 이룬 셈인데, 크몽을 하면서 깨우친 노하우나 팁이 있다면 한두 가지 들려 주실 수 없을까요?"

"처음에는 잘 몰라서였지만 크몽 초기 저렴한 금액으로 많은 양의 일을 감당해냈던 경험이 (고생은 정말 심했지만) 결과적으로 좋은 평판과 리뷰를 쌓아 오래도록 성장할 수 있는 토대를 만들어 주었던 것 같아요."

그러면서 크몽에서 성공하려면 결국엔 "소통 능력과 실력"만이 최고 경쟁력이라는 걸 잊어선 안된다고 강조한다. 그리고 과거의 경험이나 명성을 너무 믿지 말라는 조언을 덧붙인다.

누나디자인

누적작업4000건,귀사의 매출향상을
위해서만 집중합니다

prime   🎟 605,000원~
                ★ 4.9 176개의 평가

누나디자인

누적작업 약4천건,3년연속크몽어워즈
수상,구매전환율상승

🎟 55,000원~
★ 4.9 2727개의 평가

"과거 자신의 포트폴리오를 너무 믿지 마세요. 고객이 만족할 수 있는 콘텐츠를 만들어야 합니다. 저 역시 실력은 있어도 커뮤니케이션에 자신이 없던 때가 있었어요. (크몽에서 성공하려면) 실력을 기본 전제로 하고, 커뮤니케이션 능력이 가장 중요해요. 저도 처음에는 고객의 클레임이나 피드백을 듣는 게 정말 두려웠어요. 제품을 완성해 넘기고 나면 피드백이 오기까지 기다리는 시간이 너무 초조했고 나중에는 스트레스로 다가오곤 했죠."

자존심 상하고, 자존감도 떨어져서 프로젝트 하나 하나가 마음에 커다란 짐이 되었던 과거의 경험을 솔직하게 털어놓는 모습 속에서 '아! 최고의 자리에 오르기까지 감내해야 했던 고통과 인내가 정말로 컸구나' 하는 마음이 저절로 전해져 온다.

"고객의 클레임은 결국 '소통 부족'에서 기인하는 거예요. 처음부터 고객의 요구가 무엇인지 충분히 듣고 반영했으면 겪지 않았을 일을, 대충 알겠다고 생각하고 진행하면 나중에는 꼭 의견 불일치로 인해 불만을 사게 됩니다. 결국은 이중으로 수정 작업을 하게 되죠. 그러니까 첫 상담에서부터 최대한 친절하고 상세하게 소통을 하는 것이야말로 크몽에서 고객을 관리하고 유지하는 최고의 비결입니다.

처음엔 고객의 매너가 아주 좋아서 소통을 잘했다고 생각했어요. 근데 웬걸, 나중에는 막말까지 해대며 제품을 혹평하는 황당한 경우도 있어요. 그럴 때 정말 속상하지만 그럴수록 마음의 평정심과 친절함을 잃지 말고 여유를 가져야 해요. 그게 결국 상대가 스스로 머쓱해져 사과를 하게 만드는 힘이 되더라구요. 그 뒤로는 고객의 클레임이 더이상 무섭지 않게 되었어요."

"3년 연속 크몽어워즈를 수상하셨는데, 크몽에서 어워즈를 받는 분들의 수입은 직장인들 연봉에 비하면 어느 정도나 되나요?"

"크몽어워즈는 단지 수입 크기로만 정해지는 게 아니라고 알고 있어요. 분야마다 다를 수 있겠지만 디자인 카테고리 분야에서는 그래도 한 달에 총 매출액이 1천에서 2천만 원 정도는 나와야 어워즈 자격이 유지되지 않을까 싶어요."

"크몽을 오래 하시면서 매너리즘에 빠진 느낌이랄까, 슬럼프 같은 경험은 없었나요?"

"한때는 일의 보람을 눈에 보이는 수치와 수입액에서만 찾던 때도 있었어요. 그때는 고객을 한 사람이라도 더 많이 유입시키는 게 최선이라고 착각했죠. 크몽 유입만으로는 부족한 것 같아 직접 자사몰도 만들어 보고, 인스타 계정도 트고, 네이버 스마트스토어도 오픈해 봤죠. 이것저것 욕심을 내다 보니 결국 이도저도 아니게 되더군요."

크몽에서 꾸준히 작업 건수와 리뷰가 더해지면서 고객 신뢰가 쌓이기 시작했고, 크몽 상위권에 들어가기 시작하는 시점에서부터는 필요 이상 가격을 낮추려는 고객들은 굳이 받으려고 애쓰지 않는다. 낮은 금액에 맞춰 작업하다 보면 더 할 수 있는 노력도 하지 않게 되고, 그런 경우 결과도 만족스럽지 않기 때문. 디자인 작업에서 보람을 느끼기보다는 돈을 위해 일하는 기계 같다는 느낌만 들었던 경험에서 나온 원칙이다.

"이건 스스로 후퇴하는 길이라 생각했어요. 차라리 다른 판매자들보다 금액이 다소 높더라도 그간 다져진 신뢰와 입지를 무기 삼아 하나의 제품, 단 한 명의 고객을 위해 더 집중하기로 운영 방식을 바꾸었죠. 돈이 아닌 진정성을 가지고 고객의 성공을 돕는 존재가되어 보자, 일의 보람을 수입액에서 찾지 말고 고객의 성공에서 찾아보자, 상대가 빛나야만 비로소 내가 빛날 수 있다는 답을 내렸지요."

지금도 통장에 찍히는 수입보다 다시 찾아와 단골이 되어 주시는 분들과의 대화가 더 즐겁다. 판매가 잘 되고 있다는 안부 인사, 진심어린 리뷰 몇 줄이 더 기쁘고 뿌듯하다고 말하는 누나디자인 한윤하 대표의 표정에는 억지스런 꾸밈이나 구김살이 없다.

"내가 가진 최선의 것을 상대에게 주면 반드시 최선의 것으로 돌아온다는 것을 깨닫고 있습니다."

"요즘 인공지능 이미지 생성 기술에 의해 디자이너들의 설 자리가 위협받지 않을까 우려하는 목소리가 많은데 어찌 보시는지요?"

"한때 망고보드 등장에 긴장했던 기억이 나요. 하지만 원하는 퀄리티가 나오지 않자 저희쪽으로 다시 의뢰를 주시더군요. 특히 상세페이지는 제품마다 소구점을 잡아 풀어내야 해서 디자인의 범위나 수준이 천차만별이에요. 그 점 때문에 인공지능이 대체할 수 없는 부분이 분명히 있다고 생각합니다. 개인적으로 아직 크게 위협은 느끼지 않고 있지만 긴장을 늦추어선 안 되겠지요.(^^)"

"크몽 디자인 카테고리의 경쟁자 수가 크게 늘었는데 그래도 이 분야에 도전해 보고 싶어하는 후배들에게 어떤 조언을 남기고 싶으세요?"

"신규로 출발해서 자리 잡기가 무척 어려워진 게 사실이에요. 특히 디자인 분야는 경쟁자가 늘어서 자신의 포트폴리오를 노출할 기회가 많이 줄었어요. 가격을 낮춰서 얻을 수 있는 경쟁력도 거의 사라졌고요. 어떻게든 노출 기회를 늘려서 자신의 존재감을 알려야 하는데 그 기회를 얻기가 쉽지 않거든요. 일대일로 고객들을 상대해야 하는 만큼 소통 능력도 또 하나의 난관이 될 수 있습니다. 이런 과제들을 극복해야 하니까 그만큼 고민을 깊게 하고, 더 많은 노력이 필요하단 말씀을 드릴 수밖에 없을 것 같아요."

그녀가 빽빽하게 적어온 서면 인터뷰 응답 원고의 맨 끝은 이렇게 마무리된다.

"프리랜서의 세상은 구속된 업무에 지친 직장인들, 본인의 커리어로 독립을 꿈꾸는 이들에게는 굉장히 매력적인 직업처럼 보입니다. 시공간의 제약을 받지 않고 돈을 번다니 마냥 즐거울 것만 같지요. 하지만 모든 것을 혼자서 꾸려 나가고 혼자서 책임져야 합니다. 하루하루가 고객들과의 약속으로 채워져 있는 빽빽한 세상입니다."

그렇지만 절대 미리 두려워하거나 지레 포기하지 말라고 힘주어 강조하면서 맺는다.

"프리랜서의 삶은 생각만큼 자유롭지 않습니다. 서비스 평점과 리뷰에 울고 웃어야 하는 감정 노동자이기도 하니까요. 그래서 더욱 일상 루틴과 마인드 컨트롤 방법을 터득하길 권합니다. 그래야 지치지 않고 오래 달릴 수 있어요. 많은 이들이 재능의 부족보다는 결심의 부족으로 실패합니다. 해봐서 손해 볼 것 없다는 생각으로 단순하게 도전해 보세요. 미리 두려워하지 말고 밀어 붙이세요! 제가 그렇게 시작했거든요." ☻

부업을 권하는
'이상한' 회사의 '프리한' 직원

크몽 프로그램개발자 / seanyoon(윤선정)

크몽 성공자들에 대한 인터뷰 취재를 시작하면서 제일 궁금했던 점이 한 가지 있었다. 프리랜서 매칭 플랫폼을 제공하는 크몽에서는 정작 당사 직원들이 부업을 하겠다고 하면 어떤 방침으로 처리하고 있을까 하는 점. 실제로 많은 기업들이 이중 취업이나 겸직을 원천 금지하는 근로계약을 요구한다. 당연히 별도의 개인 사업자등록을 내는 것도 허용하지 않는 경우가 많다.

책 기획안을 제시하고 크몽 측에 인터뷰 대상자에 대한 추천을 요청하는 미팅 중에 크몽 내 직원이면서 크몽 시스템을 통해서 수입을 올리는 분이 있으면 따로 소개해 줄 수 있겠냐고 해서 만나게 된 분이 이번 인터뷰의 주인공, 션윤(seanyoon)님이다. 이름이 선정이어서 붙인 회사 내 영어 이름이 션이란다. 크몽 서비스에서도 자신의 성과 이름을 그대로 갖다 쓴 셈.

마침 크몽 본사 라운지에서 갖기로 한 다른 인터뷰 일정이 있어 그 미팅을 마치고, 그 자리에서 연이어 션을 인터뷰했다. 초면인 데다 개발자다. 더욱이 이 책에서 다루는 크몽 플랫폼을 직접 개발하고 있는 직원 중 하나다. 이런 부담감 탓에 시작부터 다소 조심스러운 만남이었다.

"크몽 직원으로 입사한 뒤에 사이드잡으로 크몽을 시작하게 된 건가요? 아니면 크몽 서비스로 돈을 벌다가 크몽에 입사를 하게 된 건가요? 크몽이랑 어떻게 인연을 맺게 되셨는지요?"

"입사하기 전에는 크몽을 잘 몰랐어요. 당시 크몽의 표어가 '5천 원의 재능나눔'이었는데, 입사 전에는 프리랜서 자체에 대한 제 인식이 그리 좋지 않았기 때문에 크게 관심을 두지도 않았어요."

뜻밖이었다. 처음엔 크몽을 알지도 못했고 프리랜서 직에 관심도 없었다니 더 의아해졌다. 그러면 크몽에 전문가로 서비스를 올리게 된 배경이나 계기가 뭔지 바로 묻지 않을 수 없었다.

"크몽에 입사한 지 올해로 8년이 넘었어요. 크몽 플랫폼에 제 서비스를 올려서 판매하게 된 계기는 크몽 서비스의 판매자 기능을 테스트해 보기 위한 목적이 컸습니다. 시스템 테스트를 겸해서 직접 서비스를 팔아 보고 고객들의 문의나 주문 의뢰가 어떻게 들어오는지 확인해 보기 위한 용도였죠."

크몽에 회원가입을 하고 서비스를 구입해 보면 구매하는 쪽의 인터페이스나 기능 편의성에 대한 테스트는 별로 어렵지 않다. 반면 판매자 기능에 대한 화면 테스트는 쉽지가 않다. 판매를 발생시키면 결제가 일어나야 하고, 결제가 발생하면 세금 신고 등의 부가적인 처리 단계들이 생기는 까닭이다. 그런 부분들을 제대로 추적하고 검수해 보려면 직접 팔아 보는 게 제일 쉽고 확실한 방법이다. 그래서 서비스 상품을 직접 만들어 팔게 되었다는 설명이다.

"크몽에서 부수입을 얻을 목적으로 상품을 올린 게 아니라면 여러 카테고리 중에서 굳이 구글 애널리틱스를 판매 서비스 상품으로 선택한 이유가 있나요?"

"크몽에 들어와 맡은 업무상 GA(구글 애널리틱스)를 다루긴 했지만 다른 사람들이 이런 걸 원할 거라는 생각은 별로 없었어요. 당시만 해도 웹사이트에 추적 코드를 설치하고 매출 전환을 추적해 봐야 된다는 니즈가 그다지 크지 않았거든요. 고객들의 요구를 살피던 중에 GA 코드 작업 요청이 나와서 이것도 상품으로 팔 수 있겠구나 싶어서 GA를 올리게 된 거예요."

"GA도 향상된 전자상거래 설정이나 구글태그매니저(GTM)와 같이 서비스를 나눠서 올려놓기도 하던데, 션님이 올려놓은 건 단일 서비스 상품 하나뿐인가요?"

"GA 말고도 몇 개 더 있어요. 페이스북 픽셀이나 카카오 픽셀 설치, 요즘에는 틱톡 추적코드 설치 요청도 많은 편이에요. 맨 처음 올렸던 상품도 GA는 아니었어요. 뭘 올려볼까 하다가 '웹사이트 트러블 개선'이라고 올렸는데 고객 분이 'GA도 해줄 수 있느냐'고 묻는 바람에 시작하게 된 거죠. 최근에 제일 많은 요청은 틱톡이에요. 고객사들이 틱톡으로 광고를 많이 집행하다 보니 자연스레 나타나는 현상 같아요."

"서비스 의뢰 고객들은 주로 어느 쪽에서 들어오나요?"

"에이전시나 광고대행사 쪽에서 자기들이 맡은 클라이언트 사이트를 더 정확하게 관리하기 위해서 대대행으로 의뢰하는 경우가 많습니다. 의뢰받은 양에 따라서 수입 규모도 차이가 생기지요."

"지금 크몽 직원이시잖아요, 전문가 프로필에 '크몽 개발자'라고 밝혀 놓으셨던데, 그럼 업무 시간과 개인 부업 시간을 어떤 기준으로 나누세요? 시간 배분의 원칙이 있나요?"

"네, 저는 설치 작업은 거의 다 밤 시간에 처리해요. 어린 딸이 하나 있는데 아기 재우고 나서 늦은 밤에 작업하고 있습니다. 크몽은 기본적으로는 직원들이 부업하는 것을 장려합니다. 그런 사이트니까 가능한 일이죠. 개인 부업은 업무 시간 외에 하는 게 당연한 원칙이지요."

"사실 션님에 대한 인터뷰를 실어야 할지 조금 고민했어요. 이 책의 의도가 크몽 플랫폼을 잘 활용해서 성과를 낸 사람들을 일종의 '롤 모델'로 소개하는 것이라서요. 크몽에서 일하는 직원을 소개하면 크몽을 홍보하려고 작정한 책처럼 느낄 분도 있을 수 있잖아요."

션에게 나름의 고민을 거쳐서 만나게 된 미팅이라는 점을 설명해

주고, 자칫하면 출판사 편집 과정에서 통편집을 당할지도 모른다는 점을 미리 양해를 구한 뒤, 덤으로 궁금한 부분을 물어보았다.

"혹시 부업으로 올리는 수입이 회사에서 받는 급여를 넘어설 때도 있나요?"

"작업을 의뢰하는 분이 개인이나 일반 업체도 물론 있지만 광고대 행사들이 자신들이 맡고 있는 클라이언트 사의 사이트 관리를 위 해 의뢰하는 경우가 많아요. 대행사에서 용역비를 한꺼번에 모아 서 결제를 해주는 경우가 종종 있는데 많을 때는 간혹 1천만 원이 넘어갈 때도 있긴 해요. 보통은 한 달에 대략 300만 원 남짓 정도 될 거예요."

"부수입으로 그 정도를 벌려면 한 달에 몇 건 정도를 작업해 줘야 하나요?"

"대략 20건 정도 처리하면 돼요. 20일을 한 달 근무 일수로 치면 하루에 한 건 정도죠. 본업을 갖고 있으면서 지금껏 큰 부담 없이 계속 크몽 서비스를 유지(병행)할 수 있는 이유가 있죠. 제가 이 분야 일을 오랫동안 하다 보니까 작업 템플릿이 거의 구비되어 있 어요. 또 어떤 부분을 봐야 되는지 뻔히 알고 있으니까 아무래도 다른 분들보다 작업 시간이 덜 걸리죠."

"리뷰를 좋게 받거나 수주 경쟁력을 높이기 위해서 가격을 낮춘 적은 없나요?"

"경쟁을 크게 의식하지 않았어요. 들어오는 일거리가 꾸준했고 무엇보다 우선은 시장의 규모가 커지는 게 더 좋다고 보거든요. 가격을 억지로 낮추기보다는 거꾸로 1만 원씩 계속 올려봤어요. 어느 수준까지 올렸다가 문의가 눈에 띄게 떨어진다 싶으면 1만 원씩 다시 내렸지요. 지금은 구글태그매니저 셋팅까지 포함해 17만 원 정도를 받고 있습니다."

구글 애널리틱스 분야는 작년부터 기존의 UA(유니버셜 애널리틱스) 방식의 수집을 전면 중단하고 올해(2023년) 7월부터는 전면적으로 GA4로 이전하겠다고 1년이 넘게 사전 예고와 홍보를 해오고 있는 터라, 이 분야에 대한 신규 수요가 얼마나 발생하는지도 궁금했다.

"구글이 GA4로 이전을 강제하고 있잖아요. 주로 어떤 서비스 의뢰가 많이 들어오나요?"

"네. GA4에 대한 수요는 꾸준한 편이에요. 다만 고급 전자상거래 추적 코드 설치 같은 것은 쇼핑몰 쪽에서 요구하는 경우가 많은데, 정작 쇼핑몰은 카페24로 만드는 경우가 많아요. 페이스북 픽셀을 카페24가 앱으로 대신 처리해 주면서 작업 의뢰 수요가 눈에 띌 정도로 줄어들었어요. 이런 경우 웹사이트 안에 추적 코드 체계가 달라져서 기존에 설치해 준 코드를 다시 지워 줘야 하는 일도 종종 생깁니다."

서비스업이 갖는 애로사항을 설명하면서 살짝 쓴 미소를 지었지만 크게 싫지는 않은 표정이다.

예전에 네이버가 부여했던 '파워블로거' 엠블럼이나 요즘 블로그 검색 결과 페이지에 뜨는 '파워 인플루언서' 딱지처럼 크몽에서 부여하는 '프라임' 레이블을 붙이면 서비스의 품질을 공인받는 효과가 생긴다. 판매 홍보에 큰 도움이 되니까 어떻게든 이것을 받아보려고 애쓰는 이들이 많다. 프라임 레이블을 부여하는 기준이 뭔지 내부 직원들은 혹시 알고 있지 않을까 싶어서 슬며시 물었다.

"션님도 프라임급에 속하는데 크몽에서 프라임급으로 인정받으려면 수입이나 거래액이 어느 정도나 되어야 가능한가요?"

"내부적으로 선정 기준이 있을 텐데 저는 그쪽 부서가 아니라서 자세한 사항은 몰라요. 거래 금액만 가지고 정하는 건 아닐 거고요. 누적 작업 건수나 거래 금액, 고객들의 리뷰 평점 같은 여러 가지 요소를 두루 감안해서 결정하는 정도로만 알고 있어요."

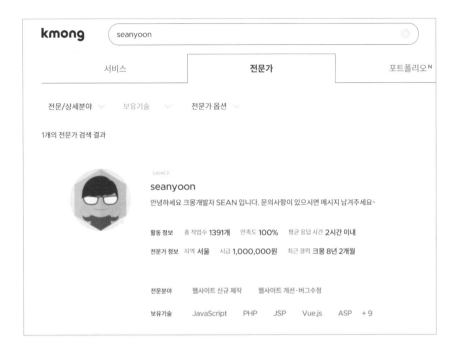

"고객들이 클레임이나 불만을 제기하는 경우도 생기나요?"

"아주 가끔 계신데, 보통은 작업을 이해를 못해서 발생해요. 기껏
작업을 해주었는데 그게 자신들이 원했던 게 아니라는 것을 뒤늦
게서야 알게 되는 경우죠. 그런 때는 그냥 바로 환불해 드려요. 드
문 케이스이고 그런 건으로 실랑이를 할 필요가 없다고 보거든요.
그래서 저는 처음 서비스 진행할 때부터 모든 고지사항을 최대한
자세히 설명 드려요. 어떤 방식으로 데이터가 쌓일 거고 그러니까
이렇게 확인하셔야 됩니다라고 말씀 드리는 거죠. 무슨 말인지 미
처 알아듣지 못하는 경우도 있고, 정작 원하는 결과가 아닐 수도
있거든요."

"크몽 직원으로 근무하면서 서비스를 제공하는 입장이라서 난처한 경우는 없었나요?"

충분히 생길 법한 경우가 아닐까 싶어서 물어본 질문인데, 되돌아온 답변은 반대였다.

"프로필을 그렇게 자세히는 안 보시는 것 같아요. (전문가 프로필 안에 크몽 개발자라고 밝혀 놓았는데도) 독립 개인 프리랜서인 줄 알고 '우리 회사로 올 생각은 없냐'고 채용을 제안하는 분들도 종종 계시거든요. 실제로 스카웃 협상에 응하지는 않아요. GA 전자상거래 관련 셋팅 작업을 제공하긴 하지만, 사실 그건 제 주업무가 아니거든요. 그런 직업군으로 이직을 원하고 있지도 않고요."

"크몽에서만 8년 넘게 일했고, 프리랜서로 수입이 충분하다면 언제까지 회사에 붙들려 있느니 디지털 노마드로 혼자 독립해 보고 싶다는 생각은 안 해 보셨나요?"

"저 같은 경우는 일이 재미 있어서 그런 생각은 덜하는 편이에요. 혹시라도 매출이 지금보다 5배 정도 나오게 된다면 그런 생각을 하게 될 수도 있지 않을까요. (ㅎㅎ)"

"회사의 필요와 내 필요가 겹쳐서 시작한 서비스지만, 그게 오히려 책임감이나 부담으로 느껴진 적은 없나요? 혹은 내 기술과 지식이 이렇게 쓸모가 있구나 싶어서 보람을 느낄 때는 언제인가요?"

"설치 후에 어떻게 쓰라고 말씀 드리고, 실제로 업무에 잘 쓰는 분들을 보면 보람을 느낄 때도 있지요. 그런데 기껏 설치를 마치고 넘겨드렸는데 자기들이 원하는 게 아니라고 작업을 취소해 달라고 하면 스트레스를 받을 때도 있어요. 그래도 지금까지 매너리즘에 빠졌다는 생각을 해본 적은 거의 없어요."

이쯤에서 빼놓을 수 없는 질문이 하나 떠올랐다. 다름 아닌 인공지능이 개발자나 프로그래머를 대체할지도 모른다는 세간의 우려와 전망들에 대한 것. 크몽 플랫폼 자체가 정규직 대신 개인들의 파트타임 업무를 알선해 주는 중개 서비스다. 향후 인공지능이 점점 더 발전해서 디자이너나 개발자들의 업무를 대체하게 될 경우 크몽과 같은 서비스를 찾는 고객들이나 전문가들이 얻을 수 있는 일거리가 줄어들지는 않을까 싶은 생각이 들었던 탓이다.

"요즘은 노코딩 프로그래밍 기술도 많이 나오고 AI가 자동 코딩을 해주기도 하잖아요. 카페24 같은 경우는 GA나 페이스북 픽셀 설치를 앱으로 대신해 주고 있고요. 이같은 흐름으로 인해서 전문가들이 수입에 타격을 받지는 않나요?"

"종종 그런 생각이 들긴 해요. 그런데 (꼭 인공지능이 아니더라도) 예를 들어 제가 설치했던 사이트에 다른 사람이 와서 코드를 볼 수 있거든요. 실제로 제가 짠 코드를 그대로 카피해서 다른 사람이 쓰는 걸 본 적도 있고요. 카페24 쇼핑몰에 대한 픽셀 설치 요청이 줄면서 실제로 수입원도 줄어든 게 확실히 느껴지고요. 어쨌든 픽셀 코딩 업무 자체가 점점 더 모듈화되고 있어서 수요가 줄어드는 추세인 건 맞아요. 그렇지만 GA 분야는 여전히 요청이 발생하고 있어요."

"직장인이든 디지털 노마드 지망생이든 자신의 경험이나 기술을 가지고 서비스 상품으로 프리랜서 시장에 나서고 싶다는 분들에게 경험자로서 해주고 싶은 조언이 있다면?"

"시작하기 위한 준비에 너무 부담을 갖지 마시고 일단 할 수 있는 것을 찾아서 등록부터 해보시라고 권하고 싶어요. 크몽의 전문가 서비스 등록도 한두 번만 써 보면 다른 플랫폼에 등록할 때도 훨씬 쉽게 쓸 수 있거든요. 안 쓰니까 못 쓰는 거지요. 누구나 처음 취직하려고 지원할 때 이력서 50개 100개는 그냥 쓰잖아요. 크몽도 그와 비슷하다고 보시면 좋겠어요."

"누구보다 오래 크몽을 해보신 입장에서 다른 플랫폼에 비해서 크몽이 유리한 점은?"

"서비스도 상품이라서 누군가에게 단 한 번이라도 더 많이 보여야 더 많이 팔 수 있거든요. 그 점에서 크몽이든 어디든 최대한 많이 등록을 시도해 보는 게 중요하다고 봐요. 프리랜서란 게 꼭 어느 한 곳에서만 일할 수 있는 게 아니잖아요. 어차피 여기저기 다 등록해 보고 자기가 잘하는 곳에 집중하면 된다고 생각해요."

어라 의외로 쿨하고 솔직한 답변이다 싶은 마음이 들기가 무섭게, '그래도 레퍼런스나 잠재 고객의 규모로 보자면 아직까지 크몽만한 경쟁력을 갖춘 곳은 없을 것'이라는 말을 덧붙이면서 말을 맺는다.

그런 션의 모습이 크몽 직원으로서 기본 자세를 잃지 않는 모습으로 느껴져 되려 듬직해 보였다. 요즘같이 자신의 개인 커리어를 쌓기 위해 이직을 밥먹듯 하는 시대에 근 10년 가까이 한 직장에서 꾸준히 자리를 지키며 스타트업을 키워 가는 션의 모습에서 여전히 성장 가능성이 커보이는 크몽의 미래를 기대하게 된다.

조용히 의리를 지키는 보기 드문 직장인 겸 16개월 딸아이 아빠 프리랜서에게 응원의 악수를 건네며 사무실 입구에 놓인 크몽 캐릭터 모형과 함께 인증샷 한 컷을 남기는 것으로 아쉬운 대화를 끝낸다.

재야의 고수,
댓글에 답글로 탑을 찍다

구글 애널리틱스 개발전문가 / JGO(이재고)

일부러 미팅 일정 순서를 조정한 건 아니다. 순전히 우연으로 앞서 만난 크몽 개발자 션(Sean)에 이어서 네 번째로 만난 이도 구글 애널리틱스 개발 분야 전문가였다. 션보다 훨씬 늦은 후발 주자지만 빠른 성장으로 진즉에 '프라임' 레벨을 달성하고, 지금은 크몽에서 최상위 1% 정도에게만 부여한다는 '크몽어워즈'에 도전 중인 분이다. 크몽 GA 개발 카테고리에서 최상위 그룹에 속하는 또 한 분이다.

처음 크몽 전문가들의 성공 스토리를 담은 책 출간을 기획 중이라고 아이디어를 냈을 때 적극적으로 찬성과 지지 의견을 내주었던 분이다. 만약 그런 책을 내게 된다면 꼭 자기 경험담을 들려주고 싶다고 한 기억 덕분에, 크몽에서 추천해 준 명단과 별개로 시간을 할애하여 이야기를 청한 케이스다.

크몽에서 쓰는 전문가 이름은 JGO(이재고). 무슨 뜻이냐고 물으니 원래 뜻은 '재야의 고수'에서 머리글자를 따서 지은 거란다. 그런데 어떤 모임에서 알아 맞춰 보라고 퀴즈를 냈더니 어떤 대표님이 '재벌되려고'의 약자 아니냐고 해서 웃었다는 일화를 함께 소개한다. 평소 일년에 한두 차례는 얼굴을 보던 사이라 명색이 인터뷰이긴 했지만 가벼운 대화의 연장 분위기다. JGO 사는 곳이 분당쪽이라, 야탑역 인근 성남시청 앞에 자리한 작은 커피숍에서 만났다. 인터뷰 취지는 익히 아는 터라, 자리에 앉기가 무섭게 곧장 본론으로 들어갔다.

"취지는 이미 말씀드렸구요. 어떤 계기로 크몽에 발을 들여놓게 되셨는지부터 들어보죠."

"크몽 활동 전에는 온라인 쇼핑몰을 열고 유통 파트에서 영업을 담당했습니다. 쇼핑몰을 만들어 꾸미고 세팅하고 광고하고 판매 하는 실무를 이전 회사에서부터 담당했어요."

평소 알고 지내던 동생벌 지인 하나가 볼 때마다 형 실력이면 크몽을 한번 해보라고 입버릇처럼 이야기하곤 했다. 그도 그럴 것이 대학때 전공은 IT와는 전혀 다른 분야였지만, 프로그램 만지는 게 재미있었다. (참고로 JGO의 전공은 영어영문과다.) 대학 시절부터 간단한 프로그램 코딩이나 개발을 취미 삼아서 진행하면서, 다른 분들의 쇼핑몰 개설 요청 같은 것을 대신해 준 경우가 많았다. 마침 JGO님의 과거 개발 이력을 평소부터 잘 알고 있었던 아는 동생의 권유가 첫 계기를 만들어준 셈이다.

"제가 본격적으로 크몽에 입문한 게 불과 2년 남짓이에요. 코로나 때문에 유통 시장이 꺾이는 시기였죠. 쇼핑몰 쪽으로는 도무지 앞이 잘 안 보이던 참에 동생이 '형은 유통을 하지 말고 크몽을 해보라'고 자주 권했어요. 처음에는 맨날 한 귀로 듣고 한 귀로 흘렸지요. 그게 돈이 되겠냐고. 그러다가 앞으로 경기가 더 어려워지겠다 싶어서 그때서야 알아보기 시작했죠."

역시 목구멍이 포도청이라고 위기가 느껴져야만 뭔가를 시도하게 되는 건 누구에게나 피할 수 없는 과정인 모양이다.

"그 당시에 최고 탑을 찍고 있는 전문가가 있었어요. (여기서 탑이라고 한 분이 앞서 이야기한 션으로 보인다.) 이 전문가의 단가가 20~25만원 정도인데 작업 건수를 보니까 500~600건이 되더라고요. 그래서 추천했던 동생한테 물어봤죠. 이 건수가 진짜로 맞냐? 과장된 거 아니야? 물었더니 맞다는 거예요. 대충 계산해 보니까 1억 정도 되더군요. 아, 이 정도 수요가 있다면 당장 시작해야겠다는 생각이 들었죠. 그 전문가가 제 롤모델이 되었던 거죠."

"그럼 처음부터 GA쪽으로 방향을 잡으신 거예요? 나름 시장 가능성을 보고 시작하셨을 터인데 예상했던 만큼 의뢰가 빨리 들어오던가요?"

"네. 처음부터 GA쪽으로 잡고 시작했어요. 제가 시작할 때만 해도 의미 있어 보이는 경쟁자는 불과 4~5명 정도 밖에는 안 보였어요. 공급이 많지 않으니까 해볼 만하다고 판단한 거죠.
문제는 제가 후발 주자잖아요. 후발 주자는 참 어려워요. 제품을 올리고 나서 2개월 정도는 완전히 손가락 빨았어요. 진짜 아무런 반응도 없었어요. 그럴 수밖에 없는 게 이미 저보다 잘 나가는 사람들이 있었으니까요."

"후발주자로서 탑 롤모델을 따라잡기 위해 따로 노력한 방법이 있나요?"

"뒤늦게 쫓아가는 입장이다 보니, 가격 세팅부터 고민을 많이 했습니다. 아무래도 롤모델 전문가보다는 저렴해야겠다 싶어서 2만원씩 낮게 책정을 했어요. 그런데 어느 순간 그 전문가가 가격을 낮추는 바람에 제가 설정한 가격이 5만원이나 비싸진 적도 있어요. 제 목표가 이 분야에서 만큼은 탑이 되자는 거라서 (필요하면 바꾸겠지만) 당장은 더 내릴 생각은 없었어요. 서비스 상품도 요구에 맞춰 하나둘씩 늘리다 보니 지금은 15개까지 늘어난 상태예요."

서비스 제품은 구글 애널리틱스라는 큰 범주 아래 나눌 수 있는 옵션들을 찾아서 새로 붙이는 방식으로 만들었다. 구글 애널리틱스를 세팅하는 것과 '구글 판매자센터' 세팅은 구분된다. 구글 판매자센터는 코딩이라기보다 상품 목록(구글은 '피드 데이터'라고 부른다)을 세팅하는 것으로, 페이스북에선 '카탈로그'라고 부른다. 카페24스토어 같은 곳은 페이스북 추적 코드나 카탈로그 세팅을 앱으로 지원해 주기 때문에 할 줄 아는 사람이 많은 편이란다.

"사실 처음에는 큰 욕심 없이 시작했어요. 근데 조금씩 수주액이 늘어나 6개월쯤 지나면서 이왕에 시작한 거 월 1천만 원은 찍어 보자고 목표를 잡았죠. 네다섯 개 이상으로 상품을 세분화시켜 1천만 원 목표에 도전했죠. 목표 달성까지 1년이 조금 더 걸리더군요. 하지만 저도 겨우 크몽 3년 차거든요. 처음 시작할 때 목표는 월급 정도만 벌어 보자였는데, 이 목표는 달성을 했구요. 그다음 목표는 프라임 전문가가 되어 보는 거였습니다. 이 목표도 달성했지요. 그래서 지금은 최종 목표가 다시 변경되었습니다. 경쟁 전문가들과 비교해서 작업 건수로도 탑을 찍고, '크몽어워즈'에 선정되는 겁니다."

"새로운 목표 꼭 이루시길 빌고요, 크몽 활동을 하면서 기억에 남는 에피소드 같은 건 없나요?"

"프리랜서라는 게 고정 수입원이 따로 없다는 점이 극복해야 할 과제이지요. 작업에 대한 만족도가 높은 경우엔 이따금씩 '스카우트 제안'이 들어오거나 '컨설팅 제안'이 들어오곤 합니다. 제가 유통을 할 때에도 받아본 적이 없는 대기업에서 스카우트 제안을 받는 건 참 재미있는 경험이죠. 하지만 대부분 사양합니다. 이 분야에서 아직 할 게 더 남아 있다고 생각하거든요. 하지만 구글에서 스카우트 제안 오면 가야겠지요? (ㅎㅎ)"

"이재고라는 필명으로 실명을 밝히지 않고 활동하는데, 특별한 이유라도 있나요?"

"저도 약간 그런 편이지만 개발자들은 사람을 많이 만나는 것을 그리 좋아하지 않는 것 같아요. 게다가 저는 유통 분야에서 일하는 동안 사람한테 상처받은 경험이 좀 많았습니다. 그래서 지금처럼 베일에 가려진 채로 일하는 게 더 마음이 편해요."

필명을 쓰다 보니 자신이 누구인지 몰라서 생기는 해프닝도 종종 일어난다. 예전 쇼핑몰 영업 시절에 관계했던 업체들이 고객으로 들어오는 경우가 그런 사례 중 하나다. 쇼핑몰을 하다 보면 만나는 사람들이 다소 한정적인데, 지금은 전혀 관련 없는 사람들을 많이 만나게 된다. 예전에 자주 이용하던 커뮤니티나 '박스포유' 같은 업체들을 만난 것도 재미있는 사례란다. 2년이라는 비교적 짧은 기간에 목표한 수익 수준에 이르게 된 요인이 무엇인가 궁금하여 물었더니 답변은 의뢰로 간단 명쾌했다.

"의뢰를 받는 것에 대해 답변 양에 제한을 두지 않고, 질문이 들어 오는 대로 최대한 자세히 알려주려고 했던 게 통한 것 같아요. 개발에 대해서는 세부적인 내용을 모르는 분들이 많아요. 그래서 요구대로 개발해 주고 끝내는 게 아니라 최대한 원하는 내용을 들어서 반영해 주고, 사용 요령에 대해서도 충분히 설명을 해주어 만족도를 높이는 게 전략이라면 전략이죠."

"작업을 하다 보면 진상 고객들도 종종 있을 텐데요, 그럴 때는 어떻게 처리하시나요?"

"당연히 있지요. 5만 원짜리 의뢰 작업을 가지고 결과가 불만이라며 고소를 운운하는 분도 있었어요. (ㅎㅎ) 좋은 고객인지, 아니면 문제 소지가 있을지 판단하는 저만의 방법이 하나 있는데, 의뢰가 접수되면 의뢰인(혹은 의뢰 업체)의 홈페이지를 먼저 방문해 보는 겁니다. 문제가 될 소지가 있다고 생각되면 처음부터 아예 수주를 받지 않습니다. 몇 가지 예를 들자면 코인 발행 업종, 다단계 상품 판매업, 게임머니 제공 사이트 같은 곳은 처음부터 의뢰를 안 받는 편입니다."

"고객의 의뢰를 거절한다는 게 자칫하면 상대방의 오해를 살 수도 있을 텐데요?"

"크몽은 대화를 나누다가 원하면 대화를 중단하고 중간에 나갈 수 있어요. 다시 대화를 재개하면 기존에 대화방에서 나눈 내용이 계속 보입니다. 대화 도중에 요구 사항이 과도하다고 느껴질 때는 일단 대화를 중단하고 '저하고 맞지 않는 것 같습니다. 죄송합니다.'라고 말하고 나오는 게 오히려 악성 고객을 피하는데 도움이 됩니다."

개발 요청 수주를 받을 때는 결제 단계에서 의뢰받은 '작업의 범위와 양에 대해서 확실하게 결정을 해놓고 가는 게 무엇보다 중요하다고 힘주어 강조한다.

"상대(의뢰자)가 요구하는 것에 비해 제가 해줄 수 있는 게 적은 경우가 많아요. 이런 경우, 안 되는 대목은 안 된다고 미리 말하고 그래도 할지 말지는 의뢰인한테 결정을 넘기는 게 현명한 답이지요."

"많은 리뷰와 좋은 평점을 받아야 더 많은 고객이 생길 텐데요, 좋은 리뷰를 얻어 내는 노하우나 숨은 팁이 있을까요?"

"당연한 말이겠지만 좋은 고객이 좋은 리뷰를 남겨 주시는 것 같아요. 위에서 말씀드린 진상 고객을 사전에 미리 거르는 것도 하나의 방법이라고 봅니다. 사후적으로 좋은 평점이나 좋은 리뷰를 얻기 위해서는 무엇보다 고객 문의에 성의 있게 빠뜨리지 않고 답글을 다는 게 필수죠. 크몽을 처음 시작하는 분들에게는 '후기에 올인하라'고 말하고 싶어요. 그동안 처리한 작업 건수가 1500건 정도 되는데, 받은 리뷰가 700개가 넘을 거예요. 저는 고객의 모든 댓글에 빠짐 없이 답글을 다는 것을 원칙으로 하고 있거든요. 다른 건 몰라도 리뷰 댓글에 관해서는 크몽 모든 전문가를 통틀어서 제가 단연 탑일 거라고 자신합니다."

"요즘 챗GPT를 비롯한 인공지능이 새로운 트렌드로 떠오르고 있는데, AI가 크몽의 1인 개발 서비스 제공자들에게 위협이 되지 않을까요?"

"인공지능이 내가 하는 역할을 대체할 수 있는 가능성은 있겠지만, 실제 실무에 적용하는 것에는 전문가가 필요하다고 생각해요. 단순히 코드만 짜는 코더들은 타격을 입을 수 있을 겁니다. 앞으로 인공지능이 발전할수록 우리 같은 직업에 타격이 올 수 있겠지만 다른 한편으로는 그에 못지 않게 새로운 직업도 더 생겨나지 않을까 싶습니다. 정 안 되겠다 싶으면 다른 분야로 갈아타야죠. (ㅎㅎ)"

인터뷰 마무리 삼아서 한 가지를 추가로 물었다.

"나도 한번 크몽에 도전해 볼까 고민하는 분들에게 해주고 싶은 말씀은 없나요? 어떤 아이템으로 어떤 분야에 도전해 보는 게 좋을까요?"

"딱 세 가지! 우선은 '당장 시작하라'는 겁니다. 크몽에서 성장하려면 리뷰가 가장 중요합니다. 제가 크몽 시작하고서 두 달을 손가락을 빨아야 했던 이유는 제 실력이 모자라서가 아니라 제가 누군지 아무도 모르기 때문이거든요. 그러니까 하나라도 후기를 쌓으려면 지금이라도 당장 시작해야 합니다.

두 번째는 '시장 분석을 하라'는 것. 가격 분석을 말하는 게 아니고, 내가 할 수 있는데 남들은 안 하고 있는 걸 찾아야 해요. 수요가 높은데 공급이 적은 분야는 반드시 존재합니다. 디자인 분야도 단가 낮다고 뭐라고만 하지 말고 남들이 안 하는 거, '못 하는 게 아니라 안 하는' 틈새를 찾아야 돼요. 그게 바로 경쟁력이라고 생각합니다.

마지막으로는 '일희일비하지 마라.' (첫 거래를 트기까지) 저는 두 달이었지만 6개월이 걸릴 수도 있거든요. 장기전이라 생각하고 마음을 편히 먹고 시작해야 버틸 수 있습니다."

한 가지만 더하라면 '가장 잘 하는 걸 하라'고 덧붙이고 싶단다. 크몽에서 승부는 결국 실력에서 난다고 믿는 까닭이다. 어쨌든 돈을 받고 하는 일이고, 돈을 받는 일에는 어떤 이유를 붙이더라도 결국 실력이 없으면 안 된다는 얘기다. 운 좋게도 좋은 대우받았던 직장 경력자들일수록 자기 몸값에 대한 프라이드 의식 때문에 단가가 너무 짜다고 크몽 도전을 망설인다고 지적한다. 프리랜서 세계는 짬밥 타령이 통하지 않는다. 한마디로 '계급장 떼고' 붙어야 하는 곳이다. '필드에서 깨지고 박살나면서 실력을 인정받아야만 자리 잡을 수 있는 냉정한 곳'이라며 단호하게 쐐기를 박는다.

"시작을 안 하면 매출은 0원인 거예요. 단돈 5천 원이라도 시작하면 매출 5천 원인 거고. 일단 5천 원이라도 벌어야 100만 원 갈 수 있는 거예요. 0원에서는 절대 100만 원 못 갑니다! 시장에서 검증받아야 해요. 다만 시장에서 고객에게 일단 검증을 받고 나면 (실력 있는 분일수록) 올라가는 속도가 생각보다 상당히 빠릅니다. 실제로 그런 전문가님들을 몇 분 지켜봤습니다."

"크몽하면서 겪었던 에피소드 중 조심해야 할 사항이 있다면 하나만 들려 주시지요?"

"크몽 초기에 일주일 정도 판매 이용 정지를 당한 적이 있어요. 그때는 처음이라 운영 규칙도 잘 모르고 별 생각 없이 의뢰인에게 제 카톡 번호를 알려준 거예요. 의뢰인이 크몽 메시지로 소통하는 게 불편한데 '카톡 연락처 없나요?' 하고 묻길래 아무 생각 없이 알려 드렸죠. 카톡으로 얘기 나누고 결제는 크몽에서 했는데도 불구하고 에누리 없이 차단을 당했어요. 21일인가를 정지당했죠. 너무 억울해서 사정사정해서 7일 정도로 줄이긴 했는데 그 일주일도 진짜 길었어요. 말이 일주일이지 일단 판매 정지를 먹으면 그동안 올렸던 제품이 다 내려가 버려요. 정지 기간이 끝난 뒤에 제품을 다시 올리고, 승인도 다시 받아야 하거든요."

"프리랜서 플랫폼이 크몽만 있는 것도 아닌데 그런 일을 당하면 숨고라든가 다른 플랫폼으로 옮기고 싶은 생각도 들었을 것 같은데요, 다른 쪽에도 상품 등록을 해보셨나요?"

"그래서 그때 다른 플랫폼도 다 알아보고, 등록도 여기저기 많이 해봤어요. 그런데 신기할 정도로 개발 의뢰는 크몽이 압도적이었어요. 크몽에서 일단 안정적인 수익을 얻고 나서는 다른 플랫폼에는 거의 신경을 안 쓴 것도 사실이고요. 아무튼 지금은 크몽에만 집중하고 있어요."

"크몽 판매 수수료가 지금 20% 정도지요. 수수료 체계나 다른 점
에 불만은 없으신가요?"

"거래 금액에 따라서 달라져요. 50만 원까지는 20%, 50만 원에서
100만 원은 또 몇 퍼센트로 줄고, 100만 원 이상은 또 몇 퍼센트
줄고 이렇거든요. 건당 수수료는 금액이 커질수록 조금씩 떨어지
긴 하는데 100만원 이상 의뢰는 거의 없기 때문에 별로 의미가 없
어요. 크몽은 대다수 상품이 50만 원 아래라서 20% 수수료는 보통
수준이라 봅니다. 이 정도는 부가가치세처럼 100원 받을 거래라면
120원을 청구하는 식으로 처리하면 되니까 큰 불만은 없어요.
　다만 한 가지, 우리 판매자들을 위해서 서비스를 좀 개선해 줬
으면 합니다. 모바일 앱은 괜찮은데, PC에서 사용하려면 지금 크
몽 메신저 구조가 많이 불편해요. 예를 하나 들자면 메시지 입력
창 안에 이미지 복사 붙여넣기가 아직 안 되거든요. 스크린 이미
지 하나만 따서 올리려고 해도 캡쳐해서 바탕화면에 파일로 저장
한 뒤 그걸 다시 불러와서 첨부하는 식이거든요. 카톡 같은 메신
저에서 이미 다 지원되는 기능이라 기술적으로 문제가 되지 않을
텐데 아직 이런 점들이 전문가들 입장에서는 많이 불편합니다. 크
몽 쪽에 이런 점은 꼭 개선해달라고 저 대신 부탁 좀 해주세요.
(ㅎㅎ)"

초창기 멋 모르고 카카오 계정 알려줬다가 호되게 당한 뒤로 크몽 메시지 제한 정책에 관해서는 더 불만을 가진 적이 없단다. (개인 간 직접 거래를 막기 위해) 차단을 하는 건 이해하겠는데, 그러려면 크몽 메신저를 다른 메신저들보다 더 편하게 만들어 달라는 주문이다. 메시지 제한 규정도, 일단 크몽에서 결제를 마치고 거래 관계를 튼 뒤에는 의뢰인에게 직접 연락처를 알려주고 카톡으로 메시지를 주고받아도 뭐라고 하지 않기 때문에 큰 불만은 없단다. 제발 PC 버전에 '이미지 복붙(Ctrl C + Ctrl V)'이라도 가능하게 해주면 정말 좋겠단다.

"직장 생활을 하다가 크몽에 도전하려는 분들이 갖춰야 할 능력 중에서 가장 중요한 것을 하나만 꼽으라면?"

"직장 생활을 했던 사람이 프리랜서 시장에 나오려면 의사소통 능력을 키우라고 말씀드리고 싶어요. 실력은 이미 검증이 됐다는 가정 하에 드리는 말씀입니다!"

프리랜서 업종에서 살아남기 위한 최고의 자질은 누가 뭐래도 "첫째도 실력! 둘째도 실력!" 뿐이라고 강조하면서 그는 여유로운 모습으로 자리를 털고 일어섰다.

참! 반 농담에 사담이었지만 인터뷰 말미에 이런 말을 덧붙인 게 뇌리에 꽂혔다.

"제가 직장 생활이나 쇼핑몰 유통 일하면서 번 돈으로는 볼보 못 뽑았거든요. 보세요, 지금은 볼보 몰고 있잖아요! (ㅎㅎ)" ☺

프리랜서의 자유에는 비밀이 숨어 있다

파워포인트 제작전문가 / 박수받는 PPT(이경원)

약속한 시간에 5분쯤 늦었다. 강남역 5번 출구 아래로 뱅뱅사거리 인근 우성아파트 쪽으로 크몽 본사가 있다. 거기서 만나기로 한 크몽 전문가. 오늘은 PPT(파워포인트 파일) 제작을 의뢰받아 처리하는 최고 전문가 한 분을 만나는 자리다. 서둘러서 엘리베이터 버튼을 누르는데, 옆에 한 여자분이 1층에서 대기 중인 모습이 아무래도 저 분이 아닐까 싶었다. 실례가 될까 봐 일단 3층으로 먼저 올라와 크몽 라운지 입구에 자리를 잡고 연락을 했다. 혹시나 했는데 1층 엘리베이터 앞에서 시선을 주었던 그분이 입구 유리문을 열고 들어온다. 역시나 1층에서 봤던 그녀였다.

인사를 겸해 가벼운 유머를 섞어 어떻게 크몽을 시작하게 되었는지 묻는 것으로 말문을 텄다.

"박수받는 PPT가 전문가 브랜드명이었죠. 그동안 박수는 많이 받으셨어요? PPT 영역은 경쟁자가 많지 않았나요, 언제 어떻게 시작하게 되었는지 사연부터 먼저 들려 주시죠."

"ㅎㅎ 네, 많이 받고 있는 것 같아요. 지금 크몽 시작한 지 2년 정도 됐거든요. 원래는 광고대행사에서 처음 사회 생활을 시작했어요. 대행사 쪽에서 3~4년 일하다 컨설팅 펌으로 옮겨서 꽤 오래 일을 했어요. 하는 일이 브랜드 컨설팅이나 커뮤니케이션 컨설팅 위주이다 보니 파워포인트 작성이 주업이 되어 버렸죠."

"그래도 PPT 제작이 재미 있으셨나 봐요? 원래 전공이 그쪽 분야였나요?"

"저는 전공이 물리학과에요. 근데 학교 때도 PT(파워포인트로 문서를 만들어 발표하는 행동 전체를 포괄적으로 뜻하는 일상 용어)하는 건 좋아했던 것 같아요. 학과 과목 중에 '실험 물리학'이 있어요. 실험을 하고 보고서를 내야 하는데, 발표도 함께 해야 되거든요. 발표하려면 막 긴장되기도 하지만, 그래도 잘 끝내고 나면 주변에서 칭찬을 해주시니까, 이게 재밌는 거구나라고 생각했던 것 같아요.

첫 컨설팅 펌에서 3년 정도 있다가 광고대행사로 이직했는데, 그 곳에서 알게 된 사장님이 컨설팅 펌을 만들어 독립하면서 창립 멤버로 합류하게 되었죠. 그러다 보니 PPT 작업만 10년이 훌쩍 넘게 전담하게 되었어요."

"컨설팅 펌에서 오래 이력을 쌓았으면 대우나 수입이 그리 나쁘지 않았을 텐데 왜 크몽을 하시게 된 거죠?"

당장의 수입이 문제가 아니라면, 어떤 이유로 크몽을 하게 된 건지 궁금해서 물었다.

"컨설팅 펌 일이 스트레스가 심하고 많이 힘들어요. 신경 써야 되는 것도 많고 스터디도 많이 해야 되거든요. 예민한 데다 스트레스가 많이 쌓이니까 결국 몸이 아프더라고요. 너무 아파서 좀 쉬겠다며 휴직을 신청했어요. 근데 그때 마침 코로나가 터졌어요. 집에서 그냥 놀고만 있기는 뭐 하고 좀 재밌는 일이 없을까 싶더라구요. 컨설팅 일을 하는 동안엔 N잡을 할래야 짬을 낼 수 없었어요. 원래는 3개월에서 6개월 정도 쉬고 회사에 복귀하려고 했어요. 근데 크몽 일을 하다 보니까, 돈도 돈이지만 더 좋았던 게 스트레스가 없더라고요. 아니 이렇게도 살 수 있는데 내가 왜 그렇게 직장에 오래 붙잡혀 있었을까 싶은 생각이 들더라고요."

그래서 결국 회사 복귀를 접었단다. 돌이켜 보면 직장생활이 맞는 스타일도 아니었는데 광고대행사에 컨설팅 펌 이력까지 합하면 거의 20년 가까이 직장에 붙잡힌 꼴이었다. 책 원고에 직장 이력이 많다는 얘기는 가급적 빼 달란다. 실력이 아니라 나이 때문에! 자기처럼 나이 많은 사람한테는 사람들이 일을 안 맡길 것 같다고. ^^

"이쪽은 실력으로 승부하는 곳이라 짬밥은 별로 따지지 않는다면 서요. 2년 동안 얼마나 처리해 주셨나요? 그동안 쌓인 후기는 몇 개나 되나요?"

"정확히는 모르겠는데 500건, 아니 600건이 좀 넘는 것 같아요. 후기를 남겨 달라는 말은 거의 안 하는 편이거든요. 근데도 잘 남겨 주시는 것 같아요."

코로나 때 시작했다고 하니, 2년을 730일로 잡고 어림잡아 계산해도 600건이면 주말 휴일 쉬지도 않고 거의 하루에 한 건 정도씩 처리한 셈이다. 이 정도면 완전 일벌레 수준 아닌가 싶다. 설마 싶어서 직접 크몽에 들어가 [박수받는 PPT] 상품에 쌓인 리뷰 숫자를 확인해 봤다.

원고 퇴고 시점(2023년 8월 14일) 기준으로 크몽의 [박수받는 PPT] 상품에 달린 리뷰 건수는 모두 627개, 평균 평점은 4.9였다!

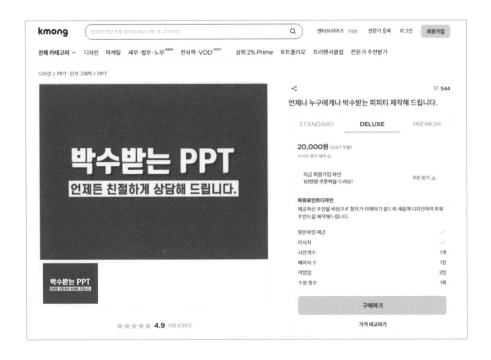

"이 영역은 경쟁이 좀 있는 편인가요, 시작할 때랑 지금은 어때 요?"

"경쟁 정도는 잘 모르겠어요. 왜냐면 이것을 내 일로 삼아야겠다 고 작심하고 시작했던 게 아니고 휴직하고 좀 쉬는 동안 부업 삼 아 해보려던 거였거든요. 클래스 101에서 강의 하나를 들었는데, 거기서 파워포인트 하나로 얼마를 벌었다고 하더라고요. 그분이 크몽에도 강의를 만들었는데 그걸 보고 재미있겠네 싶어서 별 생 각 없이 시작했어요. 취미 삼아 일이 들어오면 하고, 안 들어오면 안 한다는 느낌으로 시작했기 때문에 시장을 열심히 살펴보지 않앗어요. 광고들 올라오는 걸 보면 다른 영역보다 그렇게 경쟁이 심한 편은 아닌 것 같아요."

"처음 상품 올리고 나서 반응은 어떻던가요?"

"처음 올리는 났는데, 당연히 아무도 주문을 안 하죠. 후기도 0이고 이런데 누가 주문을 하겠어요? 그래서 뭐를 했냐면, 가끔씩 사람(의뢰인)들이 프로젝트를 올리면 (전문가들이) 비딩(경쟁 입찰)을 들어갈 수 있는 시스템이 있어요. 그때 어떤 클라이언트 한 분이 접속을 요청하셨어요. 나중에 여쭤봤거든요. 후기도 없는데 왜 저랑 일하실 생각을 했냐고 물었더니, 자신이 원하는 분야가 'IR(투자 유치를 위한 기업활동)' 자료였대요. IT 콘텐츠 분야였는데, 슬라이드 장 수도 10장에 일주일밖에 안 걸리는 간단한 거긴 했어요. 문제는 그분도 이런 걸 잘 모르는 분이었어요. 저도 사업 계획서는 잘 알진 못했지만 그래도 기획자였잖아요. 보니까 주신 초안이 엉망진창인 거예요. 도저히 그냥 그 내용대로 정리하기가 싫었고, 첫 일이기도 해서 조금 열심히 해 드렸어요. 지금 생각해 보면 그분도 저를 못 만났으면 그걸 완성 못하셨을 거예요.

　장당 13,000원 받던 때라 10장에 13만 원짜리 작업에 불과했지만 정성껏 해주고 나니까 맘에 드셨나 봐요. 그 이후로도 계속해서 일을 맡기고, 후기도 꼬박꼬박 좋게 달아 주셨어요. 그 뒤부터 일거리가 하나둘씩 들어오기 시작하더군요. 만약 저더러 크몽을 지금 다시 시작하라고 하면 그때처럼 프로젝트 의뢰 건을 찾아 다니면서 직접 제안하는 작업을 좀더 열심히 할 것 같아요."

"그럼 언제부터 전업으로 바꾸게 된 건가요?"

"앞서 말한 사업계획서 제작을 의뢰받은 게 계기가 되어 본격적으로 크몽 활동을 시작하게 됐죠. 스트레스도 안 받는데 잠깐 해 주니까 13만원이 들어오는 거예요. 일을 또 받으면 또 돈이 들어오고, 이만큼 하면 이만큼 또 들어오는 게 재미있더라고요. 월급하고는 느낌이 달라요. 월급은 25일이 돼야 들어오는데, 그런 느낌 있잖아요. '난 이만큼이나 일했는데 월급은 이것밖에 안돼' 그런 느낌이라면, 크몽 일은 '내가 이만큼 했으니까 이만큼 들어오는구나', 그러니까 정당한 대가를 받고 있다는 느낌이 좋았어요. 많다 적다가 아니라 그 느낌이 좋았어요. 그러다 보니 어쩌면 이게 직장 일을 대체할 수도 있겠다는 생각이 들기 시작하더라구요.

두 가지가 전업을 택하게 된 이유였어요. 하나는 고객의 반응이었죠. 100건을 해주면 잘 안 맞는 경우는 한두 건이고, 대부분은 클라이언트랑 잘 맞는 편이라 재밌었어요. 다른 하나가 돈이었죠. 그때는 열심히 하지 않았으니까 월급을 대체할 만큼 많지는 않았지만 열심히만 하면 월급도 되겠다 싶더라고요. 그로부터 1년쯤 지나고 수입이 월 700~800만 원쯤 되니까 열심히만 하면 더 벌 수도 있겠다는 생각도 들고, 그 정도 되니까 직장으로 돌아가기가 싫어지더라구요, 그동안 내가 너무 힘들게 살았구나 싶어진 거죠."

"직장 내 인간관계 스트레스가 프리랜서라고 해서 전혀 없진 않을 거잖아요, 혹시 의뢰 요청을 거절하는 경우도 있나요?"

"아주 없지는 않아요. 근데 의뢰가 들어올 때 일부러 거절하지는 않아요. 뭐랄까 제가 오는 거 안 막고 가는 거 안 잡는다는 스타일이라서요. 톤앤 매너나 이런 것들을 여쭤 보고 내가 좋아하는 거랑 비슷한 걸 좋아하시는 것 같다 싶으면 일을 맡아요. 예를 들면 40장 분량이면 보통 처음 2~3장 정도를 샘플로 보여드려요. 그러고 나서 그게 마음에 든다고 하면 가는 거고요. 간혹 수정을 요청하시는 경우도 있어요. 그렇게 원할 만한 이유가 있다 싶으면 기꺼이 해드리지만, 약간 결이 안 맞는 경우도 있어요. 저렇게 고치면 더 이상한데 하는 느낌이 들면 제가 먼저 말씀드려요. 이런 경우는 제가 잘해드리기가 힘들 것 같으니 다른 전문가 분하고 하시는 게 더 빠르고 비용도 절약될 수 있을 것 같다고 말씀드리고 일을 안 맡아요. 딱 한 번인가 파워포인트 수정 횟수를 무제한으로 해달라고 요구하는 분이 계셨어요. 저의 배려를 악용하는 것 같아서 다른 분하고 일하시라 하고 일반기를 거절한 적이 있어요."

"직장 생활을 하다가 프리랜서로 나서면서 마음가짐이 어떻게 변화되던가요?"

"저에게는 매우 긍정적인 변화였어요. 프리랜서라고 해서 생각처럼 자유롭지는 않거든요. 자유롭다는 게 정신이 자유로운 거지, 몸이 자유롭지는 않아요. 예를 들면 (사람에 따라 다르겠지만) 직장인이면 토요일엔 쉬잖아요. 연휴에도 쉬고요. 근데 저는 일을 시작하고 쉰 날이 거의 없는 것 같아요. 약속한 일정에 맞추어 작업을 완료해서 넘겨 줘야 하니까요. 그러다 보니 '완전 해방'이라는 느낌은 거의 없어요. 보통 디지털 노마드라고 하면 해변가에 누워서 노트북 하나 들고 여유 부리면서 일하는 모습을 연상하지만 그런 건 전혀 없어요. 아까도 말씀드렸지만 프리랜서의 자유는 정신적 자유인 것 같아요. 이래라 저래라 하는 사람 없죠, 출퇴근 부담도 없죠. 집에서 일할 수 있고, 반려견하고 같이 있을 수도 있잖아요. 재택이 가능하니까요. 제주도에 가서 일하고 싶으면 갈 수 있는 자유가 있잖아요. 덕분에 정신적으로는 굉장히 자유로움을 느껴요."

"파워포인트 작업하시면서 가장 중점을 두는 요소는 뭔가요?"

"제가 디자이너 출신이 아니에요. 때문에 많은 분들이 PPT가 디자인이 중요하다고들 하지만 저는 이 영역이 꼭 디자인이 우선이라고 생각하진 않아요. 그보다는 기획적인 요소가 훨씬 큰 영역이라고 봅니다. PPT는 무엇보다 그걸 보는 사람한테 얼마나 내용을 빨리 전달할 수 있는가 여부가 핵심이거든요."

"일하던 중에 제일 재밌었거나 기억에 남는 에피소드 한두 가지 들려주실 수 있을까요?"

"이쪽 일하다 보면 자기네 회사에 와서 일해줄 수 없냐고 스카웃 제안을 하시는 분들이 종종 계세요. 그런 때 제 실력을 인정받는 느낌을 받기 때문에 기분이 좋지요. 같은 클라이언트를 상대로 두세 번 정도 일을 해주다 보면 만족한 분들이 그런 제안들을 주시는데, 1년에 두어 번 넘게 그런 소리를 듣게 돼요."

"크몽에서 2년이 채 되기 전에 PPT 분야에서 마스터급까지 가셨는데… 앞으로 더 높은 프라임급까지 올라가고 싶은 욕심은 없으신가요?"

지금 자리에 이르기까지 얼마나 걸렸는지도 함께 물었다.

"당연히 더 높은 단계로 가보고 싶은 생각은 있지요. 프리젠테이션 분야가 원래 경쟁 피티에서 이겨야만 프로젝트를 딸 수 있는 분야다 보니까 자연스레 경쟁에서 지고 싶지 않은 게 체질이 된 것 같아요. 마스터급에 이르는 데 꼬박 1년 정도 걸렸던 것 같아요. 원래 300건 이상 거래 건수가 누적되어야 하는데, 금액 기준도 있기 때문에 저는 그 횟수가 되기 전에 마스터급에 이른 것 같아요."

딱히 먼저 묻지 않았는데, 최근 들어 인공지능 기술이 급속히 발전하고 있어서 위협을 느끼지는 않느냐는 사전 인터뷰 설문지 이야기를 먼저 꺼냈다. 마침 그 질문을 하고 싶었다고, 내친 김에 의견을 말해 달라고 요청했다.

"인공지능과 경쟁을 할 건지, 반대로 인공지능을 이용할 것인지의 관점에서 봐야 할 것 같아요. 이용하는 쪽으로 접근해서 잘 활용하면 충분히 살아남을 수 있을 것 같고요. 실제로 PPT작업할 때

리서치 업무나 이미지 생성 등에 도움을 받고 있거든요. 인공지능이 발전하면 할수록 오히려 제 업무의 퀄리티가 더 올라갈 것 같아요. 다만 그만큼 공부할 것은 늘어나고, 얼마나 빨리 적응할 수 있는가가 관건이겠지요."

"직장을 그만두고 크몽을 해볼까 고민하는 분들에게 꼭 해주고 싶은 조언이라면?"

"중도를 지키라고 말씀드리고 싶어요. 자신이 하고 싶은 일과 클라이언트의 요구에 맞춘다는 점에서 합을 잘 이루는 게 무엇보다 중요합니다. 프리랜서라고 해서 '프리함'만 보고 하려는 분들이라면 안 하시는 게 좋을 것 같아요. 자신에게 맞지 않는 일이라면 직장생활보다 더 어려울 수 있거든요. 고객이 만족해야 지속할 수 있는 일이잖아요. 100건을 해줬는데 90건이 불만족을 표시한다면 배겨날 수가 없을 테니까요."

"개인 요청자와 기업 의뢰, 또 신규 고객과 재구매 고객의 비율은 어느 정도인가요?"

"PPT 작업 자체가 기업이 요구하는 경우가 훨씬 많지요. 80% 정도가 기업 고객들이에요. 신규 고객과 재구매 고객 비율이 7:3 정도 되는데, 점차 재구매 고객이 늘어나는 편이에요. "

"숨고 같은 쪽에 추가로 채널을 개설하지 않으시나요?"

"코로나 시작되는 시절에 휴직하고 나와서 크몽을 시작했으니까 올해로 3년 차 정도 되었어요. 코로나 때문에 경기가 안 좋은 편이지만 저 같은 경우는 크몽에서 받는 물량도 벅차서 다른 데까지 펼칠 여유를 못 내고 있어요. 크몽은 내 포트폴리오를 올려두고 필요한 사람이 의뢰를 하는 반면에 숨고는 의뢰자들에게 내가 제안을 해서 선택을 당하는 입장이다 보니 저 같은 사람에게는 잘 맞지 않는 것 같아요."

"크몽 시스템을 이용하는 게 장점인 이유는?"

"무엇보다 고용된 직원으로 일을 하는 게 아니니까 파트너십 같은 개념으로 일을 하게 돼서 좋고 한편으로는 책임감이 생긴다는 점이죠. 개인적으로 일감을 얻기도 하지만 저 같은 경우는 크몽으로 수주받은 일에 더 우선 순위를 두게 돼요. 물론 거래 확정이 되어야 돈이 들어오지만, 크몽은 선결제 방식이라서 일을 마치기 전까지는 고객의 돈을 선불로 받아 놓은 셈이잖아요, 그에 대한 책임감이 앞서다 보니 일도 더 신경 써서 하게 되는 것 같아요."

"크몽 시스템에 대해 개선을 요청하고 싶은 부분이 있다면?"

"클라이언트랑 서로 요구사항을 맞추려면 사전 미팅이나 합의가 필요한 부분이 많은데, 현재 크몽 시스템에서는 의뢰인과 사전 미팅이나 연락처 교환을 할 수 없도록 제한하고 있어요. 그런데 이게 이용자에게 더 불편할 수 있어요. 직거래를 하게 될 경우 수수료 부과의 근거가 사라질 수 있기 때문에 불가피한 측면이 있다는 건 인정하겠는데, 세무처리 시스템을 보완해 준다든가 하는 유용한 부가서비스를 붙여서 수수료를 내더라도 크몽 시스템을 이용하는 게 직거래보다 더 유리하다는 확신을 줄 수 있다면 좋겠어요."

"전업으로 크몽에 도전해 보고 싶어하는 분들이 꼭 유의해야 할 사항이 있다면?

"너무 완벽히 준비하고서 시작하려고 하지 말고 먼저 자신이 이런 일에 맞는지 일단 테스트를 해보는 것이 좋을 것 같아요. 무작정 직장을 그만두기 전에 휴직을 하거나 부업으로 해볼 만한 시간을 내보시라는 거죠. 현재 직장이 다인지 스스로 돌아볼 수 있는 휴식 타임을 갖고 이런 방법이 자신에게 맞는지를 충분히 점검해 보고 시작하셔도 늦지 않을 것 같아요."

박수받는 PPT님은 처음부터 끝까지 얼굴에 미소와 웃음을 잃지 않았다. 속마음을 숨기지 않으면서 아주 편하고 재미있게 이야기를 주고 받느라 시간 가는 줄 몰랐다. 인터뷰를 마치고 녹음시간을 확인해 보니, 녹음 기록 시간만 70여 분이 훌쩍 넘어가 있었다.

"크몽을 시작하려면 소통 능력이 필수적이에요. 그런데 소통의 의미를 달변이나 화려한 언변을 구사하여 상대방을 설득하는 능력으로 생각하면 안 될 거예요. 서비스라는 것은 작업 결과물로 고객을 만족시켜야 하는 것이거든요. 고객이 무엇을 원하는지 그 지점을 정확히 찾아내는 능력이 소통 역량의 핵심입니다."

1시간이 훌쩍 넘는 인터뷰 미팅 후 헤어지는 길에 그녀에게 던진 마지막 질문은 이거였다.

"근데 참, 왜 이름을 '박수받는 PPT'라고 지었어요?"

헤어지면서 길에서 나눈 마지막 대화라 인터뷰 녹음에는 답변이 남아 있지 않지만 언뜻 들었던 기억을 떠올리면 그녀의 답변은 이랬다.

"파워포인트 발표자의 가장 큰 보람은 밤새워 힘들게 준비한 PPT를 가지고 성공적으로 프레젠테이션 설명을 마쳤을 때 청중들이 진심어린 박수를 쳐줄 때 느껴져요. 제가 해주는 PPT 작업물이 발표를 듣는 분들의 박수를 얻어 내는데 조금이라도 도움이 되면 좋겠다는 생각 때문에 붙인 이름이에요."

나중에 팟캐스트나 유튜브를 통해 초대 손님을 모시고 프리랜서로서 성공담을 들어보는 자리를 마련하게 된다면, 이분을 최우선 섭외 대상으로 꼽고 싶다는 마음이 지금도 여전하다. ☺

챗GPT에게
번역가의 미래를 묻다

영문 번역전문가 / 신통번역(신동표)

　AI가 대중화되면서 가장 먼저 일자리를 위협받게 되는 직업 3가지를 꼽으라고 하면 그중 빠지지 않는 게 바로 번역가나 통역가다. 크몽에도 통번역 카테고리가 있는데 요즘처럼 구글 번역이나 네이버 파파고 정도만 써도 외국어 의사소통에 별 지장이 없는 시대에 과연 번역가는 어떻게 생존할 수 있을까 싶은 마음에 번역을 주로 하는 분을 꼭 한번 만나서 이야기를 듣고 싶었다.

　그러던 중에 특이한 이름이 눈에 들어왔다. 신통번역! 처음에는 번역의 수준이 신통하다는 의미인가 했다. 전문가의 본명을 확인해 보니 신동표님, 이름 앞의 성이 '신'이었다. '번역과 통역을 함께 한다는 뜻인가?' 재미난 이름이란 생각에 인터뷰를 요청 드렸는데 흔쾌히 수락을 해주셨다. 인터뷰 자리에서 직접 대면할 때까지도 "신동표"란 이름만 대면 강남쪽에서 알아주는 어학원일 거라곤 생각지도 못했다. 영어랑은 담을 쌓고 지낸 지가 근 30년이 넘은 탓이다. 나보다 나이가 많은 분을, 더욱이 이름 석자만 대도 다 알 만한 유명 어학원의 원장님을 크몽 전문가로 만나게 되리라고는 생각도 못한 채 그야말로 '대책없이' 만난 인터뷰 자리였다.

실수는 그뿐이 아니었다. 번역도 글쓰기라, 말로 하는 인터뷰보다 글로 쓰는 게 더 편하셨던 모양이다. 사전에 드린 인터뷰 설문지에 서면으로 직접 답을 적어 인터뷰 전날에 카톡으로 보내 주셨는데 바쁘다는 핑계로 미뤄두었다가 까맣게 잊어버렸다. 정작 인터뷰 미팅 자리에 나가서야 깨알같이 길게 쓰신 글을 뒤늦게 확인했다. 아차 싶었지만 그 자리에서 글을 읽는 것이 더 큰 실례가 될 것 같아, 일단 인터뷰를 마치고 읽어보겠노라 양해를 구했다.

사전 준비 부족을 통감하고 반성하면서, 책을 기획하게 된 의도를 설명드리는 것으로 인사말을 대신하고 곧장 대화에 들어갔다.

"20년 넘게 운영했던 유명 학원을 왜 접게 되셨는지가 무엇보다 궁금할 수밖에 없네요. 어떤 계기가 있으셨나요?"

"통번역대학원을 들어가거나 통번역을 업으로 삼고자 하는 학생들을 직접 가르치는 입장에서 이분들의 미래가 그렇게 밝지는 않겠다는 생각에 마음이 편치 않았어요. 당장 15년 20년은 괜찮을지 모르지만, 인공지능이나 구글 번역기, 스마트폰 번역 앱들의 성능이 계속 개선되고 있었거든요.

무엇보다 제 개인이 많이 지쳐 있었어요. '번 아웃'이랄까, 20년이나 학원을 운영하다 보니 에너지가 고갈된 상태로 고착화된 상태였습니다. 학원을 혼자서만 꾸린 게 아니라 직원들이 있었으니 제 맘대로 결정할 순 없었구요. 강사 회의를 소집하고 집안 식구의 동의를 얻어서 어렵게 결정을 내리고 폐업을 추진한 거죠. 순위를 매기자면 제가 지친 게 첫째고요, 두 번째가 시장 수요가 줄고 있었던 상황입니다."

"이번 책의 기획 의도가 롤모델이 될 만한 크몽 성공담을 모은다는 것도 있지만 최근 고용 구조 자체가 1인 기업이나 전문가 중심의 '긱경제(gig economy)'로 바뀌다 보니 기업들이 고정비 부담을 피해 비정규직을 찾는 쪽으로 변화하는데 대한 가이드북을 만들어보자는 뜻도 있어요. 그래서 자기 홍보성 얘기보다는 독자들에게 교훈이나 지침이 될 수 있는 얘기들 위주로 듣고 싶습니다. 폐업 후 여러 가지 다른 대안들이 있었을 터인데, 크몽을 선택한 이유가 따로 있나요?"

"아뇨. 폐업을 하던 당시에는 크몽을 몰랐어요. 폐업하고 2년 정도 휴식 기간을 가졌는데, 그때 알았으면 더 일찍 시작했을 것 같아요. 해보니까 이게 선점 효과가 있는 영역이더라고요. 작년 3월부터 본격적으로 시작했으니까 이제 꼬박 1년 정도밖에 안 됩니다. 시작할 때 이미 이 시장을 선점해 제가 따라잡아야 할 경쟁자들이 상당수 있었어요."

"그래도 내 실력 정도면 해볼 만하다 싶으니까 시작했을 텐데요, 무엇이 주로 활동의 힘이 되던가요?"

"20년을 일하다 갑자기 일을 안 하니까 뭔가 허전하고 그런 거 있잖아요. 돌아보면 신동표어학원의 가장 큰 리스크는 저 자신이었어요. 이름이 곧 상품이었으니까요. 정철어학원이나 민병철어학원 같은 경우는 케이스가 좀 다르지만 원장 이름을 딴 어학원의 경우 원장님이 돌아가시면서 문을 닫은 사례들도 있거든요."

왕년에 강남에서 잘 나갔던 어학원들의 이름을 죽 듣다가 문득 옛날 기억이 떠올랐다. 언제였던가 지금은 기억조차 희미하지만 수서 쪽으로 출퇴근을 하던 무렵 강남역 인근에 있던 이익훈어학원에 수강 등록을 하고서 아침 일찍, 혹은 퇴근길에 짬을 내어 두어 달 영어 수업을 듣던 기억이 떠올라 잠시 추억담을 나누었다.

"제가 늙으면서 브랜드도 같이 늙는 것 같더라고요. 에너지도 떨어지고. 그런 상황이었지만 제가 보람이랄까, 다른 말로 표현하면 인정 욕구가 좀 있었던 것 같아요. 그래도 이 사람 나름 이름을 날렸었는데, (누군가 그런 걸 알아 주는 게) 소소하지만 활력이 되더라고요. 아마도 그게 크몽을 하게 된 제일 큰 동기 같아요."

"역시 신동표답구나 뭐 이런 질적 차별성을 느끼고 싶었단 말씀으로 들리는데, 맞나요? 주로 어떤 분야를 다루시는지요?"

"예, 맞아요. 그러다 보니 번역 의뢰가 들어와도 제가 사양하는 경우도 있어요. 예를 들자면 일반 문서와 달리 파워포인트 문서 자료 같은 것은 번역보다도 행간이나 자간을 맞추는 게 상당히 번거로워요. 영어 같은 경우 폰트 크기에서도 차이가 나고요. 좋은 번역 결과물이 나오려면 워드나 한글로 먼저 내용을 번역한 다음에 그 내용을 토대로 PPT 자료를 다시 만드는 게 좋거든요. 이런 것을 주로 처리해 달라거나, 음악이라든가 법률 분야같이 저의 비전문 분야에 대한 의뢰가 들어오면 그냥 사양을 합니다. 그런 분야 전문가를 찾아보시라고 소개를 해주기도 하고요. 비즈니스 분야 외에 문학 번역도 하는데, 제 경우는 아무래도 논문 번역이 제일 많은 편이에요."

인터넷 번역 서비스의 수준이 크게 높아지고, 스마트폰 사용이 일상화되면서 네이버의 파파고 앱만 이용해도 해외 여행 시 통역이 가능하다는 주변 분들의 이야기가 심심찮게 들려온다. 그런 형국이니, 번역이나 통역의 미래에 대한 걱정을 하지 않을 수 없어서 거두절미하고 물었다.

"어떠세요? 요즘 챗GPT가 나오면서 영어 이메일 정도는 대충 말만 하면 알아서 써준다는 게 홍보 포인트 중 하나인데 이런 흐름에는 어떻게 대응하고 계세요?"

"네. 저도 챗GPT 나오면서 처음 써보고 '와~'하는 탄성이 나올 수밖에 없었어요. 이제 사람 번역가들의 시대에 종말이 다가온다는 위기감을 느꼈습니다. 인터뷰 서면 응답지에도 제가 꽤 길게 써두었는데요. 저는 챗GPT에 완전히 빠졌어요. 지금도 열심히 연구하고 있는데 아무래도 프롬프트 엔지니어링 분야가 앞으로 각광받을 것 같아요."

이번 책 인터뷰 대상자 중에서 어쩌면 최고령이시고, 산업 직종으로 치면 인공지능의 등장으로 인해 가장 큰 위협을 받는 1순위 업종에 속하는 번역가 분에게서 이런 이야기를 듣게 되리라고는 전혀 생각하지 못했던 터라 적극적인 반응에 놀라지 않을 수 없었다.

"실제로 저는 지금도 챗GPT를 적극 활용하고 있어요. 예를 들어 의뢰자가 원문을 이렇게 주시잖아요, '아이가 천식이 있는데 이번 학교 행사에서 빼줄 수 없느냐?'와 같은 간단한 내용이라도 그 내용을 누구에게 보낼 건지, 또 예의를 어떻게 갖출 것인지 등에 따라서 표현이 달라져야 하잖아요. 이런 경우 원문을 제가 직접 번역해서 그게 버전 1이 됩니다. 그다음에는 번역한 문장을 챗GPT

가 알아서 상황과 대상에 따라서 버전을 여러 개로 만들도록 시켜요. 제가 번역한 원문을 보내드리고, 그다음에 챗GPT가 만든 버전을 3~4개를 추가로 보내드리는 거죠. 그렇게 하면 소비자 입장에선 선택지가 늘어나서 만족도가 높아집니다."

"챗GPT 나온 지 이제 겨우 서너 달 정도밖에 안 됐는데, 앞으로 번역 시장에 미칠 영향은 어떨 것으로 보세요?"

"이제 영어를 웬만큼 할 수 있으면 (챗GPT 자체가) 번역에 활용할 수 있는 최고의 선생님이에요. 물론 초급 단계, 로드맵 자체를 그리지 못하는 분들에게는 여전히 (번역) 수요가 있을 것 같아요. 하지만 어느 정도 영어를 사용할 줄 알면 이제는 (번역 작업도) 스스로 해결하는 시대가 오지 않았나 싶어요."

"이러다가 내 일이 없어질 수도 있겠구나라는 위기의식이 더 강하신가요. 아니면 법률이나 학술 전문 분야가 있으니 번역가라는 직업 자체는 크게 위협받지 않을 거라 보는 쪽이신가요?"

"번역가도 말이 전문가지, 실력에 차이가 있어요. 그러니까 초급이나 중급 단계 번역사들의 위기라고 봐요. '챗GPT의 역설'이라 할 게 뭐냐면 전문가는 오히려 더 높은 전문 지식 수준을 갖춰야 한다는 거예요. 비유하자면 롱테일 이론에서 꼬리 부분이 이제 챗

GPT가 담당하는 영역이 되는 거고, 훈련이 잘된 사람은 챗GPT를 자기 안에, 옆에다 두고 생산성이나 퀄리티를 굉장히 높이는 도구로 쓸 수 있게 된 셈이죠."

"이렇게 급변하는 시대에 젊은이들한테 인생 선배로서 조언을 한마디 한다면, 무엇을 어떻게 준비해 보라고 권하시겠어요?"

"글쎄요, 장기적으로 봤을 때 지금 자기 분야에서 잘 나간다고 해도 10년 후에 어떤 위치에 있을까 생각해 보라고 하고 싶어요. 지금 인공지능 때문에 영향을 안 받는 분야가 없잖아요. 그런 점을 본다면 어정쩡한 기술 수준의 사무직이 오히려 전망이 밝지 않다고 봐요. 그럴 바에는 비록 젊은 사람들한테 어필하기는 쉽지 않겠지만, 농사일(스마트팜 같은 미래형 농법의 의미로 해석됨)이라든가 로컬푸드 운동이라든가 하는 새로운 영역에 도전해 보는 것도 굉장히 의미 있는 일이라고 생각해요."

"비즈니스 번역 의뢰라는 게 계약서 같은 거 아닌가요? 주로 어떤 쪽에 의뢰가 많은가요?

"일단 상품 소개가 많고요. 의외로 이메일도 많은 편이에요. 그 다음으로는 MOU 문서도 꽤 많아요. 영어 번역만 맡고 있고, 통역 의뢰는 받지 않습니다."

"지금 딱 1년 정도 되셨다고 했는데, 어떤 목표치 같은 게 있으세요? 처음 시작할 때 기대했던 것에 비추어 만족하시나요?"

"저는 이제 1년밖에 안된 터라 수입이나 의뢰 건수로 마스터급은 아니고 최근 프라임급으로 선정됐습니다. 작년에 '크몽어워즈'를 받았는데, 대응 속도와 후기 내용에 높은 점수를 준 것 같아요.(2022년 크몽어워즈 신인상 수상!) 액수를 떠나서 일단은 제가 갖고 있는 전문 지식을 계속 활용할 수 있는 게 제일 좋구요. 무엇보다 시간 안배를 제가 자유롭게 할 수 있으니까 그게 좋아요."

"크몽 일에 시간을 얼마나 투자하시나요? 일감을 가려서 받으시는 편인가요?"

"번역 의뢰가 들어오면 크몽 메신저를 통해서 말을 주고받는데, 대화를 해보면 느낌이란 게 있거든요. 보내드린 번역 결과물에 대해 의뢰자가 만족을 표시하면 그런 경우 번역 요청이 한번으로 끝나는 경우는 드물어요. 그런 분들이 재주문을 하실 때는 무조건 수락하고 빨리 해드려요. 특이한 것은 당일 번역 요청 수요가 무척 많아요. 오늘도 급한 요청이 하나 있었는데, 2만 자짜리 문서를 하루에 번역한다는 건 사람에겐 어려운 일이거든요. 그래서 이런 쪽 일을 하려면 자기 통제력을 갖고 밸런스를 유지하는 노력이 필요해요. 무리하면 번아웃 되고 퀄리티도 떨어지게 마련인데 챗

GPT가 나오면서 이게 훨씬 좋아지게 된 겁니다."

"챗GPT에 대한 공부 열정이 정말 높으시네요? 챗GPT를 주로 어떻게 활용하시나요?"

"요즘은 챗GPT가 영어 교재를 만드는 일이라든지, 동화집를 만든다든지, 분야별 수준별로 나눠서 정말 잘해요. 그레이드 별로 문제도 엄청 잘 만들어요. 옛날에는 SAT나 GRE 같은 문제를 만들려면 그 분야 전문가한테 의뢰해서 만들어야 했는데 지금은 그 정도는 프롬프트 엔지니어링을 어떻게 하느냐에 따라서 아주 손쉽게 만들어 내거든요. 어느 정도 지식과 통찰력이 있고 영어 실력만 되면 약간의 편집으로 바로 만들 수 있거든요. 예전에 제가 EBS 라디오 토플을 진행했었는데 매달 한 세트를 만드느라 하루에 4시간밖에 못 잤거든요. 지금은 그것을 하루면 다 만들겠더라니까요. 영어 교사들한테는 엄청난 축복이고, 초급 단계인 분들한테는 재앙이죠. 한마디로 게임 체인저에요. 생각을 완전히 바꿔야 해요."

크몽을 이용한 마케팅 시스템의 장점에 대해 어떤 생각을 갖고 있는지 궁금했다. 그리고 크몽에서 자신을 알리기 위해 제일 필요한 요소가 무엇인지도 함께 알려 달라고 청했다.

"크몽은 나를 알리는 중요한 통로죠. 자연스럽게 자동적으로 영업을 해주니까 제겐 매우 효과적인 홍보 도구입니다. 쉽게 얘기하면 마케팅을 대신해주고 직접 얼굴을 대면하고 만나지는 않지만 네트워킹도 되고, 소소한 보람을 느끼게 해줍니다. 특히 리뷰 평점이 쌓여야만 다음 번에 오시는 분들이 의뢰도 더 잘하게 되니까 좋은 리뷰와 평점을 얻는 게 중요합니다. 그래서 리뷰를 남기도록 부탁드리기도 하지만 절대로 강요는 안 합니다. 결국 모든 건 태도의 문제죠. 20년 넘게 학원을 운영하면서 학생을 지도하다가 지금은 제가 개별 고객을 상대하고 평가받는 입장이니까, 자세가 확 뒤바뀐 셈이지요."

"번역 의뢰를 받아 수행할 때 가장 크게 느끼는 고충은 무엇일까요?"

"번역 작업을 할 때 단어 기준으로 단가를 매기게 되는데, 이게 사람마다 감이 달라서 조율하는 게 일입니다. 특히 분야에 따라 전문 용어가 나올 경우 뭔 소리인지 몰라서 정확한 뜻을 찾는데 생각보다 시간이 많이 걸립니다. 문학 작품의 번역이 제일 어렵지요. 예를 들어서 한글 원문이 '등대처럼 불을 비추듯 투명한'과 같은 시구를 쓸 경우 그 미묘한 뉘앙스를 어떤 영어 단어나 표현을 써야 할지 무척 난감해지는 경우들이 생기지요. 전문 번역가들은 검수라고 하는데요, 검수 과정은 해당 분야의 전문가가 봐야 그나마 가능하지 않을까 싶어요. 저같은 경우는 챗GPT의 번역 능력이 아무리 뛰어나다고 해도 초벌 번역을 맡기지 않습니다. 한글 원문이 논리적으로 잘 쓰여졌을 경우에는 결과가 잘 나오는데 안 그런 경우도 많거든요. 특히 주어가 생략되는 경우 원하는 결과가 안 나올 수 있거든요."

"파파고나 구글 번역이 더 발전하면 통역가나 번역가의 일 자체가 사라지게 되는 것 아니냐는 얘기도 있는데 어떻게 생각하세요?"

"예를 들어서 '강아지가 담요에 실례를 했다'를 구글 번역기는 'Puppy hugged the blanket(강아지가 담요를 껴안았다)'로 번역해요. 파파고도 'The puppy disrespected the blanket(강아지가 담요를 존중하지 않았다)'고 번역합니다. 심지어는 식당 메뉴판의 '육회'를 'Six times'로 번역하는 경우도 있거든요. 제가 보기엔 아직도 만족스럽다고 보기 어려워요. 번역할 때 생활 용어를 최대한 많이 찾아서 알려줘야 하는데 그런 게 떨어져요. 예를 들어 문장의 맥락을 보면 '나이 50살 다 돼서 사고 쳤다'는 말은 미국 사람들이 많이 쓰는 표현인데, 이런 표현은 제대로 번역을 못하거든요.

그래서 번역을 할 때 의뢰자의 번역 요청들을 모두 다 소화해 내기가 쉽지 않아요. 때문에 완성도를 고려하고 만족도를 감안하여 가격 책정을 신중하게 하고 고객 요구에 대한 대응을 신속하고 정확하게 해야 합니다. 그 점에서 번역 기술도 계속해서 연구해야 해요. 새로 나오는 앱이나 플랫폼을 수용해서 자기 개발을 하면 통번역 시장 수요 총량은 줄어들더라도 새롭게 파생되는 수요들을 생각해 보면 도리어 (자신의 경쟁력을 높일 수 있는) 새로운 기회일 수도 있습니다. 인공지능과 연계해서 번역의 퀄리티를 한층 더 높일 수 있으니까요."

꼬박 한 시간 넘게 인터뷰를 진행했는데 돌이켜 보니 챗GPT 관련 이야기가 절반이었다. 그만큼 번역 분야에서 인공지능의 역할과 영향이 크다는 반증이 아닐까 싶다. 인공지능 시대 번역가는 어떤 생존 전략을 취해야 할까에 대한 신동표 대표의 열린 마음과 태도가 무척 긍정적이고 적극적이라서 뜻밖이었다. 세상의 흐름과 기술 변화를 대하는 프로에게서 느끼게 되는 공통점, 그건 바로 지식과 배움에는 나이와 연배가 따로 없다는 사실 하나다! ☻

'무제한 A/S'로
코딩 강좌의 정상에 서다

비전공자를 위한 파이썬 강좌 / 손코딩(손원준)

얼마 전 챗GPT4에 코드 인터프리터(Advanced Data Analysis로 이름이 바뀌었다가 11월 6일부터 단일 모드로 통합되었다)라는 기능이 베타로 선보였다. 기능이 정말 획기적이다. GPT4.5라 불러도 족할 것이라는 평과 함께 특히 데이터 분석이나 프로그래밍을 조금이라도 해본 분들에겐 거의 충격으로 받아들여졌다.

내가 파이썬을 공부해 보리라 마음만 먹고 책만 몇 권 사놓고 방치하다가 그나마 처음으로 파이썬 프로그램을 깔고 [파이참]이라는 실행 프로그램을 처음으로 써본 것은 카톡 오픈채팅방을 운영하는 한 방장으로부터 '강추 강좌' 하나를 추천받은 덕분이었다.

매주 주말 한 달 과정으로 기초와 심화반으로 나누어 비교적 저렴한 비용으로 알려주는 대학원생이 있는데, 크몽에서 파이썬 프로그래밍 강좌 중 독보적인 강사이고, '무제한 1인 코칭'을 해주는 게 최대 장점이니까 비용을 들여서라도 꼭 한 번 들어보란 추천을 받은 덕분이다.

소개가 인연이 되어 기초반과 심화반 수업을 신청하고 몇 가지 파이썬 프로그램의 설치 및 실행 방법을 배운 게 코로나가 한창이던 시절이었다. 크몽 책을 기획하면서 기회가 되면 꼭 소개를 하고 싶은 한 사람이었기에 직접 인터뷰를 요청해서 강남교보 근처의 한 카페에서 인터뷰 미팅을 가졌다.

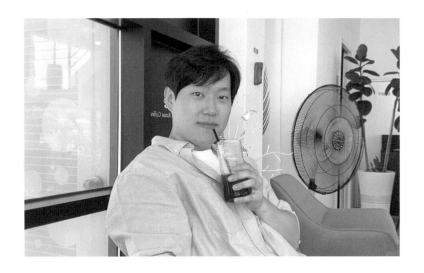

"직장을 유지하면서 부업삼아 크몽을 하는 경우는 보았지만, 학생 신분으로 크몽을 하는 게 흔치 않아 보여서 특히 만나보고 싶었습니다. 지금 대학원에서 공부와 연구를 병행하면서 크몽을 하신다

면서요?"

"네. 지금도 K대학원에서 연구원생으로 실내 위치 인식과 관련된 연구 프로젝트를 진행하고 있어요. 이 분야는 기업에서 수요가 많은 편인데 아직 상용화된 기술이 없어서 의미가 있을 겁니다."

"학생 신분으로 크몽으로 수입을 만들게 된 게 특이하게 느껴지는데 지금 크몽 수입으로 학비를 충당하시는 건가요? 크몽을 시작하게 된 계기가 궁금하네요."

"석박사 통합 과정을 마치려면 최소 6년을 공부해야 하는데, 대학교 입학할 때까지는 형님이 도움을 주셔서 등록금 걱정 없이 생활을 했어요. 어느 순간 용돈이 끊기면서 아르바이트라도 해야 할 상황이 되었는데 제가 한번도 그런 걸 해본 적이 없었거든요.
　그때 유튜브에서 코딩 강좌를 통해 수입을 만드는 사례들을 접한 게 시작이었어요. 비전공자도 코딩을 공부해서 강의를 하거나 블로그를 써서 돈을 벌었다는 사실을 알게 되었죠. 그 뒤에 탈잉과 크몽을 함께 하게 된 겁니다."

"말이 나온 김에 크몽과 탈잉 두 플랫폼의 장단점이 뭔지 의견을 주실 수 있을까요?"

"수강생 수나 수입으로 치면 크몽이 더 많은 편이지만 탈잉이 더 나은 점도 있습니다. 용돈이 끊겨서 수입을 만들어야 할 상황에서 유튜브를 본 게 계기가 돼서 나도 해볼 수 있지 않을까 생각하고, 처음에 테스트 삼아 페이스북 대나무숲에 '일주일에 1만 원만 받고 파이썬 코딩 강의를 해주겠다'고 글을 올렸죠.

지금 생각하면 싸게 제시한 덕분이겠지만, 반응이 좋았어요. (테스트 후) '한 달에 10만 원'을 받아도 될 것 같아서 가격을 조정해서 본격적으로 시작했죠." (필자는 2022년 1월과 2월에 걸쳐 한 달에 16만 원을 내고 공부했다.)

"몇 년 동안 한 주도 빠짐 없이 꾸준히 하신 것으로도 유명하던데, 그동안 전부 몇 분 정도나 수강을 했을까요?"

"지난 5년 동안 수강한 사람이 1600명 정도 될 거예요. 후기를 남겨 준 분들이 3분의 1 정도이구요. 다른 교육과정도 비슷하겠지만 파이썬을 공부해서 제대로 활용하는 사람은 10명 중 두세 명밖에 되지 않는다는 게 늘 아쉽죠. 그래서 어떻게 하면 파이썬을 잘 활용할 수 있게 할 수 있을까 연구를 거듭하고 있습니다."

"저도 교육을 10년 넘게 하고 있지만 소수만이 배운 것을 이용하는 것은 비슷합니다. 챗GPT가 나오면서 파이썬을 굳이 배워야 하냐는 소리도 나오기 시작하는데… 어때요, 이젠 따로 코딩을 몰라도 우리가 말로 하는 게 바로 코딩이 되는 세상이잖아요?"

"맞습니다. 사실 챗GPT 처음 나왔을 때는 좀 무시를 했어요. 신기하긴 한데 어디에다 써먹을 거냐 했던 거죠. 근데 이게 코딩을 해주는 퀄리티가 점점 높아지고 있어서 이 정도면 진짜로 코딩을 안배워도 되겠는데 하는 생각까지 들더라구요. 챗GPT 영향 때문인지, 근래 들어서 수강생 수가 줄어드는 게 눈에 보일 정도예요."

"학비와 생활비를 크몽 수입으로 대신할 수 있는 정도라면 굳이 직장을 가질 필요를 크게 느끼지 않으실 것도 같은데, 학업을 마치면 다른 직장 생활을 해보실 계획이신가요?"

"제가 주변에서 많이 받는 질문이에요. 계속 강사 쪽으로 나가도 되지 않느냐는 건데, 저는 아니에요. 강사는 부업일 뿐 메인은 연구라고 생각하거든요. 그래서 학업을 마치면 괜찮은 연구 조건으로 지원받으면서 좋은 환경에서 연구를 지속하는 게 일차적인 목표입니다."

"학생 신분을 유지하면서도 알바 대신 크몽으로 학비를 벌 수 있다고 하면 이런 분야를 지망하는 후배들도 있을 텐데 대학생들이 크몽으로 진출해 보고 싶어한다면 미리 겪어본 선배 입장에서 어떤 말을 해주고 싶으세요?"

"저는 레슨 분야에 있어서 덜할 수 있겠지만, 생각보다 경쟁이 치열한 것 같아요. 레슨 분야에 한해서만 얘기를 하자면 돈이 목적이 되면 안 되고 재미가 있어야 한다는 점을 강조해드리고 싶어요.

크몽 활동 5년 동안 저는 레슨 시장 전체를 정말로 깊이 분석해봤어요. 강좌 코스가 크몽에만 있는 게 아니니까요, 실제로 다른 (유명 강사) 분들의 강의를 결제해서 거의 다 들어봤어요. 본인만의 특색을 찾아야 되는 것 같아요. 그리고 강의료는 최대한 낮게 시작하는 게 좋을 것 같구요."

"강의 시장에서 다른 강사들과 차별화할 수 있었던 가장 큰 힘이라면 무엇일까요?"

"무엇보다 성의라고 봅니다. 저는 단체 수업을 하지만 한 명 한 명 모두 1:1 과외처럼 챙겨드리려고 많이 노력하거든요. 근데 다른 강의 플랫폼의 튜터 분들은 그걸 잘 안 하시더라고요. 강의 마치면 그냥 끝!인 거죠. 저는 수강생 분들에게 새벽이라도 좋으니 언제라도 연락하시라 하고, 몇십만 원 드는 프로그램을 짜보고 싶다는 분들에게 공짜로 짜드리기도 해요. 아마도 그런 부분을 좋게 보셔서 소개 추천을 해주신 덕분에 수강생이 꾸준히 유지되고 코딩 레슨 분야에서 1등을 먹을 수 있었던 것 같아요."

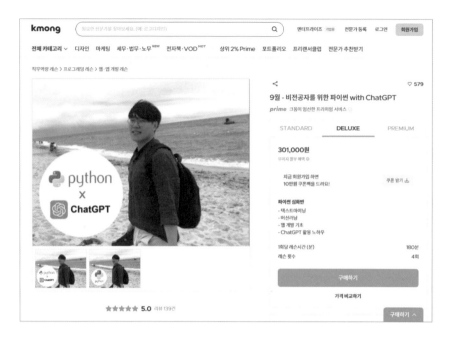

"그렇게 해주다 보면 무리하게 요구하는 분도 있을 텐데요? 프로그램도 한 번 공짜로 해주면 마치 원래 공짜인 줄 알고 계속 요구하는 사람들도 있잖아요. 그런 경우는 어떻게 처리하세요?"

"강의 초반에는 그런 분들이 있어도 괜찮았어요. 열정이 넘쳤던 시기였으니까. 근데 그런 분들이 점점 많아지니까 스트레스를 받게 되더라고요. 그런데도 저는 매정하게 끊어내지 못하는 성격이라서, 오죽하면 저 대신 관리를 해주는 조교를 한 명 붙여야 하지 않을까 고민해 본 적도 있어요. 강사를 보호해 줄 수 있는 시스템이 있다면 좋겠다는 생각이 들더라고요."

"요즘 새로 나온 인공지능 챗봇을 이용해서 답을 대신하게 하는 것도 방법이지 않을까요? 저도 개인 홈페이지를 운영하는 편이라 웬만한 반복 질문에는 기본 대응 가이드를 정해 놓고 챗GPT API 를 연결해서 응답을 대신하게 만들어 놓았는데 생각보다 잘 응답 하거든요. 제가 구현해서 써먹는 것을 한번 보실래요?"

잠시 인터뷰 문답을 멈추고 올초 개인 인강 사이트에 챗GPT를 이용해 구현해 놓은 AI챗봇을 보여주면서 실무 활용 가능성을 놓고 잠시 가벼운 대화를 나누었다. 마무리 삼아서 몇 가지 질문을 이어 던졌다.

"가격은 그동안 어떻게 변화를 시켰는지요? 강좌 개설 후 가격 정 책에 대해 조언을 주신다면?"

"처음에는 '무조건 싸게'라는 생각이었어요. 난 돈 욕심 없다. 근데 수강생 분들이 '금액 좀 높이세요.' 하는 피드백을 많이 주셨어요. 끝까지 참다가 한번 올려볼까 해서 살짝 올려봤는데 더 많이 들어 오더군요. 좋은 리뷰가 쌓이니까 가격을 올려도 수용이 되는 것 같아요. 처음에 16만 원에서 시작해서 19만 원, 23만 원 거쳐서 지금은 30만 원까지 올린 상태예요."

"크몽 시작하고 수입이 안정화되기까지 얼마나 걸리던가요? 올해까지 생각하고 있는 목표 같은 건 있으세요? 수입을 더 늘린다거나 강의 내용에 변화를 준다든가요?"

"네, 처음에는 파이썬을 더 많이 전파해야 된다는 사명감으로 했지만 요즘은 돈도 더 벌어보고 싶어요. 월 150~200만 원 정도 만드는데 1년 9개월 정도 걸렸거든요. 사람 마음이 300 벌면 400 벌고 싶고, 400 되면 더 벌어보고 싶어져요. 월 1천만 원을 넘길 때도 생기다 보니까 점점 더 키우고 싶은 욕심도 생기더라고요. 올해 목표는 개인 사무실을 열어 본격적으로 비즈니스 시스템을 갖추고 유튜브 채널도 제대로 해보고 싶어요."

"지난 시간을 되돌아보면 아쉬웠던 점은 없나요?"

"학업을 하면서 부업을 하다 보니 시간을 내기가 어려웠어요. 차라리 중간에 휴학을 하면 어땠을까 하는 마음이 있어요. 연구 쪽을 쉬면서 강의를 업그레이드 시키고 싶은 욕심이 컸는데, 본업이 바쁘다 보니 그걸 못해서 아쉬웠어요."

"요즘 젊은 직장인뿐만 아니라 학생들조차도 쉽게 큰돈 번다면서 코인이나 주식, 부동산 경매 쪽으로 열심히 투자하는 사람도 있는데 그런 쪽에는 관심이 안 가던가요? 주변에 그런 쪽으로 성공한 케이스를 보신 적은 없나요?"

"제가 되게 보수적이라서 그런지 그런 거는 도박이라고 생각해요. 성공한 케이스를 딱 한 명 봤어요. 코인으로 완전 대박 나서 회사 퇴사한 친구가 있어요. 근데 그 친구는 비트코인을 엄청나게 연구하고 깊이 공부했어요. 그런 친구는 돈 벌 자격이 있다고 생각해요. 일확천금을 노리는 것은 제 스타일은 아닌 것 같아요."

"만약 학비를 고민하는 학생들이 부업으로 크몽을 해보겠다고 할 경우 그런 분들에게 한마디만 해준다면?"

"뭐든 하고 싶을 때 당장 해보라는 말을 꼭 하고 싶네요. 주어진 시간은 바로 그때밖에 없으니까요!" ☻

전자책 쓰기,
그룹 챌린지로 정복하라!

전자책 쓰기 챌린지 코치 / 피뎁책방(유성우)

요즘 유튜브를 보다 보면 '수익화'라는 표현이 자주 눈에 뜨인다. '블로그로 월 천만 원 벌기'부터 '유튜브로 돈벌기'를 넘어서 요즘은 '챗GPT로 수익화하기'도 새로 나오는 메뉴 중 하나다. 그중에서 꼭 빠지지 않고 등장하는 단골 메뉴 중 하나가 바로 '전자책으로 수익 만들기'다.

실제로 전자책으로 돈을 번다는 게 가능한가? 하는 의구심을 제기하는 분들이 많다. 그도 그럴 것이 종이책으로 베스트셀러를 만드는 게 하늘의 별따기만큼 어려워 책으로는 돈이 되질 않는다는 게 책을 내본 저자들이면 공통적으로 하는 말이다. 종이책만큼의 완성도는 커녕 분량도 한참 못 미치는 책을 일반 책보다 더 비싼 가격으로, 그것도 PDF 파일 형태로 팔 수 있다는 게 실감이 나지 않고 이해도 하기 힘든 탓이다.

의심이 들고 궁금하면 파헤쳐 보고 직접 시도해 봐야 직성이 풀리는 스타일이라, 크몽에서 전자책으로 가장 성공했다고 소문난 분을 수소문하기 시작했다. 바로 그때 눈에 뜨인 분이 오늘 인터뷰의 주인공인 유성우님이다. 이분이 파는 전자책을 사서 읽어보고서 '아, 이런 정도 내실 있는 내용이면 역시 사람들이 인정할 만하겠구나' 싶었던 게 재작년 봄이다. 한번 직접 만나 봐야지 생각만 갖고 있다가 마침 크몽 책을 쓰기 위해 연락을 드렸더니 흔쾌히 수락을 해주셨다. 찾아가 만난 곳이 구파발에서 한두 정거장 더 지난 삼송역 부근 한 카페. 길가에 벚꽃이 화창했던 봄철의 해질녘 무렵이었다. 유성우 피뎁책방 방장님은 생각보다 훤칠한 키에 밝은 표정으로 미리 자리를 잡고 반갑게 맞아 주었다.

"만나서 반갑습니다. 피뎁책방이라는 이름으로 커뮤니티 채널을 만들어 운영하고 계시던데 지금도 멤버를 추가로 받고 계신가요?"

"지금은 새 저자를 받지는 않고 있어요. 전자책 쓰기 강좌 수강생 분들이 많은데 자신의 책을 홍보할 수 있는 공간이 별로 없어요. 웹사이트를 하나 만들어 홍보하면 어떨까 해서 일종의 '전자책 즐겨찾기 모음'처럼 만든 게 바로 '피뎁책방'입니다. 전자책 시장이 급속도로 커지다 보니 좋은 책을 선별해 소개해 주자는 취지로 만든 페이지였죠. 일찍 시작한 만큼 시행착오를 거쳤는데, 앞으로 좀 더 가치 있게 활용하면 좋을 것 같아 운영 방향을 고민하고 있습니다."

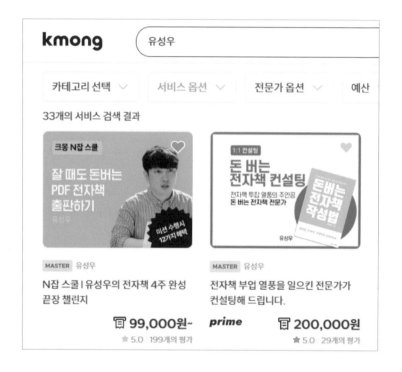

"전자책 분야를 꽤 일찍 시작하신 것으로 보이는데, 어떻게 전자책으로 유명해지게 되셨는지 이력과 그간의 히스토리를 좀 들려주시겠어요? 전자책 플랫폼은 크몽에서 처음 시작한 것인가요? 아니면 다른 데서 하다가 크몽으로 넘어오신 건가요?"

"제가 전자책을 다루기 시작한 게 2016년부터예요. 그때는 전자 책을 판매하는 곳이 거의 없었어요. 당시 스마트폰 잡지사에 기자로 일하고 있었어요. 형식도 전자책 형태라기보다는 파워포인트 파일 같은 걸 팔거나 자료 템플릿을 제공하는 느낌이었죠. 그런 파일도 수요가 있다는 걸 보고 전자책이라는 아이템을 떠올리게 된 거죠."

"그럼 원래 전자책을 통해서 이름이 알려진 게 아닌가요?"

"크몽에 처음 책을 내던 당시에는 잡지 기자여서 외주 원고를 많이 썼어요. 부업으로 돈은 벌리는데 글 쓰는 게 너무 힘들어서 좀 적게 쓰면서 돈을 벌 수 없을까 싶어 책을 만들어 팔자는 생각이 들었던 겁니다. [전자책 쓰는 법]이라는 책을 쓴 것은 2018년이었어요. 그때는 직장에 몸을 담고 있는 상태여서 부업하는 것을 밝힐 수 없어서 필명을 유성우(별똥별)로 지어서 활동했죠. 책으로만 1천만 원 넘겨 1500만 원 정도 벌 때쯤 퇴사를 했지요."

시작은 전자책으로 했지만, 독자들이 자신의 전자책을 낼 수 있게 하려면 코칭과 집단의 힘이 필요했다. 그래서 전자책쓰기 챌린지 프로그램을 추가로 개발했고, 책 발간 펀딩과 같은 마케팅 대행까지 점점 활동 폭이 넓어졌다.

"크몽 전자책 분야에서 여전히 탑클래스를 유지하고 계신데, ISBN을 받아서 책을 발행하는 방식과의 차이는 무엇일까요? 최근 몇 년간 과당 경쟁이라 싶을 정도로 난립 상태인데, 전자책을 통한 개인 브랜딩 효과가 실제로 얼마나 있나요? 지금의 전자책 시장 흐름에 대해서는 어떻게 생각하시나요?"

"개인들이 자신의 전문성을 드러내고 브랜드를 만드는데 전자책이 매우 좋지만 활용하기 나름인 것 같아요. 전자책을 만드는 건 여러 가지 방법론 중에 하나죠. 전자책 제작 및 서점 유통을 전문적으로 대행해 주는 서비스들도 등장하고 있는데, 크몽과 같은 곳에서는 ISBN을 받은 책은 팔 수 없어요. 도서정가제 때문에 한번 발행한 책의 가격을 바꿀 수 없거든요. ISBN을 받지 않은 책은 언제든 가격을 올리거나 내릴 수 있는 게 장점이죠."

"필요할 때 가격을 변경할 수 있다는 게 전자책의 장점이라 하셨는데, 보통 얼마 정도까지 가격대가 형성되는지요?"

"전자책을 썼을 때 자유롭게 할인을 하고 싶다면 굳이 ISBN을 받지 않고 팔 수 있는 크몽쪽이 맞을 거예요. 강의 교안 같은 것은 파워포인트 파일처럼 슬라이드로 되어 있는 반면, 내가 생각하는 것들을 내 경험을 녹여서 설명해 주는 내용이 들어가 있는 것을 책이라고 보는 것이죠. 전자책은 금액을 마음대로 올릴 수 있어서 비싸면 5만 원에서 10만 원, 심지어는 30만 원이 넘는 책도 봤어요."

"그런 가격에도 실제로 판매가 발생하나요? 그동안 전자책에 쌓인 반응들은 어떠한가요?"

"해외 사례를 보면 자기 사이트를 직접 만들어서 PDF 파일이나 동영상을 지식콘텐츠로 파는 게 많이 활성화되어 있는데, 국내는 그런 게 많지 않아요. 그런 모델을 테스트해 보고 싶은 마음이 컸었지요. [전자책 쓰는 법]에 대한 전자책을 낸 게 2018년인데, 다른 채널까지 포함해서 지금까지 판매된 수량을 모두 합하면 4천권 정도구요. 크몽에서 받은 리뷰만 1500개 정도 됩니다."

좋은 리뷰를 받는 게 판매를 촉진하는데 크게 기여한다는 것은 스마트스토어나 쿠팡같이 물건을 파는 쇼핑몰에서만 통하는 얘기가 아니다. 오히려 직접 의뢰를 해서 함께 일해 보지 않으면 알 수 없는 무형의 서비스 상품이야말로 먼저 이용해 본 사람들의 후기나 리뷰 평점이 구매를 고민하는 사람들에게 절대적인 판단 기준이 된다. 그런 것을 너무나 잘 아는 분이라, 좋은 리뷰를 얻는데 좋은 방법이나 팁이 있는지 묻자 짧게 핵심만 말한다.

"전자책에 대한 리뷰를 잘 받으려면 무엇보다도 책의 내용을 계속 업데이트해 줘야 합니다. [전자책 쓰는 법] 원고는 (2018년 처음 발행한 이래) 지금까지 거의 열 번 이상 업데이트를 한 것 같아요. 실제로 책에 버전을 변경 표시한 것만 아홉 번은 될 거예요. 꾸준히 새로운 내용을 넣어서 내용을 풍부하게 해주면 그만큼 책의 생명력이 길어지죠."

"전자책을 크라우드펀딩으로 판매하는 경우도 요즘은 많이 보이는데 크몽을 이용하는 것과 어떤 차이가 있나요?"

"펀딩은 사실상 책을 '선판매'하는 방식이죠. 따라서 시장성을 확인해 볼 수 있다는 게 장점입니다. 요즘은 펀딩을 먼저 진행하고 여기서 성공한 책들을 크몽과 같은 상시 판매 플랫폼에서 2차 유통하는 방식을 추천하고 있습니다. 책만으로는 해결되지 않는 부분들이 많아요. 크몽에서 팔던 책을 실제로 따라 해볼 수 있도록 컨설팅이나 코칭을 붙여 (패키지로) 판매해 봐도 좋을 거예요."

맞는 말이다. 똑같은 교육을 함께 받아도 한 기수에서 공부한 것을 실행으로 옮기는 이들은 극소수에 불과하다는 것을 10년 넘게 겪어 보았다. 하물며 스스로 사서 읽기에만 의존하는 책으로 문제 해결을 기대하기 어렵다는 말에 공감이 안 갈 수 없다. 배운 것을 직접 실행해 보게 하는 것이 관건인데, 이것이 바로 최근에 '전자책 쓰기 그룹 챌린지' 상품이 뜨는 이유다.

"전자책 쓰기 챌린지 프로그램은 언제부터 시작하셨나요? 어떤 점을 유의해서 설계해야 하는지, 실제 효과는 어떤지 궁금하네요?"

"전자책 쓰기에 도전하는 분들의 성공률을 높이는 방법의 하나로 '책쓰기 챌린지'를 만들게 되었어요. 챌린지는 참가시 총비용이 있고, 참여자가 원하는 주제나 목표에 맞게 잘 짜야 합니다. 다른 데는 보통 일주일에 한 번 모여서 강의하고, 그 주 동안 과제를 처리하고, 그다음 주에 모여서 또 피드백 이런 식으로 진행하더라구요. 저는 챌린지 참가자들이 매일매일 부여된 미션을 수행하고, 서로 응원하고 동기를 부여하는 프로그램을 짜고 있습니다."

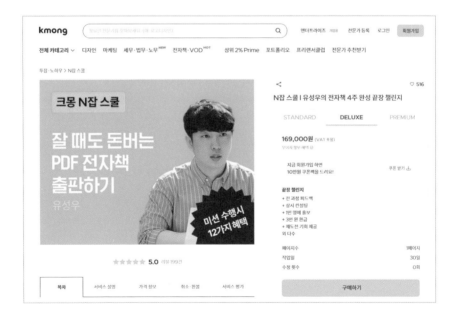

요지를 짚어 보면, 처음 시작은 전자책을 통해 했지만 실제 수익은 챌린지 프로그램을 통해서 올리고 있다는 말이다. 중요한 것은 남들이 한다고 그대로 따라 하는 게 아니라, 실질적인 효과가 나올 수 있도록 실행률과 완수율을 높일 수 있는 자신만의 방법과 차별화된 노하우를 만들어 내야 한다는 이야기다.

"크몽 시스템이 가진 장점을 고려할 때 사람들에게 해주고 싶은 말은 없나요?"

"크몽은 단순히 제 상품을 판매하는 플랫폼을 넘어 제 커뮤니티로 고객을 유입시키는 채널 역할을 계속해 주고 있습니다. 크몽이 유사 플랫폼 중에서 규모가 가장 크기 때문에 여러 군데 등록하는 것보다 여기로 판매량을 몰아주는 게 더 낫다고 볼 수 있어요. 그러다 보니 개인채널이 있어도 크몽에서 활동하는 분들이 많습니다. 개인 기업으로 '긱 경제'에 종사하시는 분들이 수수료 몇 푼이 아깝다고 크몽 같은 플랫폼을 안 쓰는 것은 손해라고 생각해요."

"크몽 시스템을 더 잘 활용할 수 있는 팁이나 향후 더 개선해야 할 점들이 있다면요?"

"얼마 전에 크몽에 '셀프 마케팅' 기능이 새로 생겼어요. 그 방법을 이용하면 내가 데려온 고객들이 구매하면 수수료를 10%만 내면

됩니다. 어필리에이트 시스템을 도입한 셈이죠. 나만의 링크를 발급받아서 내가 홍보를 하고, 해당 링크를 타고 들어와서 구매하는 분들이 생기면 내가 채널을 홍보해준 셈이니까 그 기여도를 인정하여 수수료를 덜어 주는 것인데, 좋은 시스템인 것 같아요. 무조건 20% 수수료를 떼는 데 대한 불만이 있었는데 이 기능이 생기면서 불만이 좀 줄 것 같아요."

"온라인 마케팅 방식을 주로 하고 계신 것 같은데 향후 오프라인 활동이나 다른 마케팅 채널을 더 강구하실 계획은 없으신가요?"

"전자책을 판매하고 나서 서비스 문의를 하는 사람들이 생기는 효과는 커진 것 같아요. 제가 팔고 있는 책을 보고 '잘 파는 사람이구나'라고 생각해서 제안을 주시는 것 같아요. 주로 출판사 쪽이나 기업들이 마케팅 대행을 요청하시곤 합니다. 전자책만으로도 잘 될 수 있다는 자신감을 수강생들에게 심어 주고 싶어서 블로그나 인스타, 유튜브 같은 채널을 열심히 하지는 않는 편입니다. 언젠가는 해야지 생각은 있는데 당장은 챌린지만으로도 매달 수십 명을 케어하다 보니 짬을 내기가 어렵네요."

"혹시 크몽이 없어진다면 어떻게 해야 할까 그런 걱정은 안 해보셨나요?"

"그럴 가능성은 거의 없겠지만, 대안이 분명히 나오겠죠. 특정한 플랫폼에 의존도가 지나치게 높을 경우 문제가 되겠지만, 일정 수준을 지나면 한 군데 채널에만 의존할 필요는 없어질 것 같아요."

"크몽과 같은 개인 서비스 판매 채널을 통해 마케팅을 해보려는 분들에게 해주고 싶은 당부는?"

"일단 크몽에서부터 시작해 보시는 게 좋을 것 같아요. 우리나라에서 크몽의 영향력이 워낙 큰 편이라서요. 우선 크몽에서부터 아이디어를 만들어 올리고 직접 운영해 보세요. 고객 서비스 응대 경험들을 쌓아 나가면서 성장을 위한 발판으로 삼으면 좋을 겁니다."

"챗GPT가 전자책도 대신 써주는 세상이 오고 있는데 위기 의식을 느끼지 않으시나요?"

"전자책은 기본적으로 자기 자신의 경험을 담아서 노하우나 비법과 같은 팁을 쓰는 거라서 챗GPT가 쉽게 쓰긴 어려울 것 같아요. 챗GPT한테 나의 일기를 대신 써달라고 부탁하긴 어렵잖아요. 어떻게든 오늘 내 경험에서 나의 생각을 정리해야 되니까요."

'챗GPT로는 일기를 대신 쓰게 할 수 없다'는 유성우님의 한마디가 뇌리에 꽂혀 긴 여운을 남긴다. 인터뷰를 마치고 삼송역으로 되돌아 오는 길, 역 앞 하천을 가로지르는 다리 난간 위로 석양 하늘을 아름답게 물들인 저녁 해가 화사한 벚꽃 무리를 붉게 비춘다. 봄이 짧듯 젊음도 짧다. 그래서 우리는 지금, 달리기를 멈출 수 없다. ☻

'5천 원의 재능나눔'에서
'휴먼 클라우드 플랫폼'으로!

크몽 대표 / 박현호

[크몽으로 성공한 사람들]이라는 이야기 책을 기획하면서 한 가지 고민 아닌 고민을 하게 했던 주제가 있다. 다름 아닌 크몽의 설립자인 박현호 대표를 인터뷰 대상에 넣는 것이 필요할까, 그게 책의 주제를 전하는데 도움이 될까 하는 것이었다. 자칫 책이 크몽 홍보용 책자로 인식되면 어떡하나 싶은 우려가 없지 않았던 탓이다.

여러 카테고리의 크몽 성공자들에 대한 인터뷰를 마치고 맨 마지막으로 크몽 본사를 찾아가 오랜 지인이기도 한 박현호 대표를 다시 만나서 그동안의 근황을 물었다.

"제가 가산단지에서 박대표님 처음 만난 게 2011년이었으니까,

저랑은 벌써 10년이 넘는 인연이죠. 독자분들을 위해서, 지나온 이력을 좀 들려 주시죠? 크몽도 멀리 진주에 있는 지방대 창업지원센터에서 작은 스타트업으로 시작하셨잖아요. 서울로 올라오기까지 과정을 짧게 들려 주시죠."

"원래 시작은 서울에서 했는데 고향인 진주로 내려갔던 시간이 꽤 됩니다. 자연을 벗하며 살고 큰 고민 없이 편안하게 사는 게 제 성향에 맞아서 다시는 안 오려고 했어요. 프리랜서 분야 경쟁 업체가 50~60개 넘어가면서 경쟁도 심해지고 뭔가 좀 제대로 하지 않으면 안 되겠다 싶어 진짜 오기 싫은데 올라왔죠. 올라와서 한 1년간은 향수병에 걸려서 고생도 했어요."

"크몽의 거래액이 지금은 매일 억 단위 이상으로 나오는 것으로 아는데, 성장세가 궁금하네요?"

"네. 요즘에는 많이 나오면 거래량 기준으로 하루에 5억 가까이 나오기도 합니다. 돌아보면 꾸준하게 늘어난 것 같아요. 프리랜서 마켓이라는 게 분명히 커질 거라는 거는 누구나 다 알고 있는데 생각보다 너무 더디다 생각했어요. 그러다 코로나를 거치면서 프리랜서 시장에서 HR(Human Resource) 시장 전체로 확장되는 변화가 생긴 것 같아요."

"변화의 방향이 구체적으로 어떤 내용인가요?

"코로나 때 전체적으로 개념이 많이 바뀐 것 같아요. 그전에는 정규직 시장이라는 게 있고, 퇴사하신 분들이 전업 프리랜서 방식으로 일하는 좀 특수한 별개의 시장으로 인식했어요. 그런데 코로나때 기업들이 원격 근무 체제에 익숙해지면서 프리랜싱을 인력 채용의 한 방식으로 자연스레 받아들이게 된 겁니다. 원격으로 일을 한다는 게 어려움이 많다고 느끼고 같은 공간에서 함께 일해야 된다는 생각이 컸는데 코로나 때 그게 많이 깨진 것 같아요."

"프리랜서 시장과 고용 시장 전체의 관계를 볼 때 HR 시장에서 크몽의 위치는 어떤 수준인가요?"

"현재 우리나라 임금 근로 시장을 보면 2100만 명이 임금 근로를 하고 있고 그 임금 시장 규모가 800조 원 정도 됩니다. 1%만 해도 8조인데, 저희는 8조는커녕 8천 억도 안 되잖아요. 열심히 하면 더 큰 플랫폼이 될 수 있겠다는 희망을 갖고 있습니다."

"지난번에 크몽 직원이면서 크몽 서비스를 운영하는 션님을 만나인터뷰를 진행하다가 크몽은 의무적으로 출근하는 날이 일주일에하루밖에 안된다는 이야기를 듣고 사실 깜짝 놀랐어요. 전 직원에게 적용되는 규정인가요? 그렇게 해도 경영상 의사 소통이나 업무 효율에 문제가 없나요?"

"회사 사무실로 나오고 안 나오고는 자율이에요. 다만 팀 간의 소통을 위해서 주 1회 출근을 팀별로 정하고 있어요. 아무래도 원격으로만 일하면 소속감도 부족해지고 소통 면에서도 대면하는 것보다 좀 아쉬워서 일주일에 한 번은 팀끼리 정해서 자율적으로 모임을 갖고, 전 직원이 함께 모이는 모임은 한 달에 한 번씩만 갖고 있어요. 재택근무를 자유롭게 허용해도 사내 업무가 큰 무리 없이 돌아간다는 게 입증되니까 이런 제도를 유지할 수 있는 거겠죠."

"요새 투잡러, 엔잡러가 일반화되는 추세인데 그렇게 재택으로 일하는 걸 자유롭게 허용하면 직원들 중에 엔잡러도 꽤 있겠네요. 소속이 크몽이면서 부업을 하는 케이스가 많은가요?"

"그럼요. 저희는 프리랜서로 활동해 보라고 오히려 장려하는 입장이에요. 구체적으로 몇 명인지 파악은 안 하지만 예전에는 40% 가까이 했던 걸로 알고 있어요. 업무 성격 자체가 프리랜서를 권장하는 플랫폼이기 때문에 경험을 해보는 게 도움이 될 거라고 보고요. 또 막는다고 막을 수도 없잖아요."

"원격 협업 구조를 원활하게 운영하려면 팀 조직이나 운영 방식에도 나름의 노하우가 있어야 하지 않나요?"

"사업 목적별로 팀이 나눠져 있어요. 그렇게 하면 팀원들이 각자 자기 역할을 안 하거나 제대로 못하면 팀이 원활하게 돌아갈 수가 없게 되거든요."

"회사가 굉장히 투명하게 서로 믿고 신뢰하는 분위기가 아니면 쉽게 취할 수 없는 정책 같은데, 실제로 전체 직원들이랑 소통은 어떻게 하시는지요, 또 사내 투명성은 어떤 식으로 만들어 나가시나요?"

"예전에 조직 인원이 많지 않을 때에는 시간을 정해서 전 직원이 다 모여서 그냥 궁금한 거 있으면 뭐든 묻고 답하고, 먹고 싶은 거 있으면 함께 사 먹고 그런 문화였어요. 지금은 직원 수가 100명이 넘어서 그러기 쉽지 않죠. 전 직원 미팅도 이젠 하나의 행사로 축소해서 진행하고 있구요. 예전에는 업무 플랫폼에서 발생하는 거래 지표 관련 문서도 전 팀이 모두 다 함께 공유를 했었는데 지금은 그렇게까지는 못 합니다. 일일 전체 거래량은 누구나 다 볼 수 있지만, 구체적인 재무 지표까지는 공유하지 않고 있어요. 1년에 한 번 정도 손익 상태에 대한 공식 재무자료를 공유하는 정도입니다."

"지금 크몽의 거래 규모가 꽤 빠르게 늘고 있는 것으로 들었는데, 현재 기업에서 이용하는 비율과 개인들이 의뢰하는 비중을 비교

하면 어느 정도일까요?"

"기업 비중이 많이 늘고는 있지만, 중소기업을 넘어서는 엔터프라이즈급으로 말한다면 비중이 크지는 않죠. 아직은 10% 내외일 거예요. 예를 들면 KB금융 같은 데서도 외주 인력을 사용하고 싶을 때 의뢰를 주고 계세요. 기업 부문은 분명히 성장하는 추세이지만 아직은 신사업 분야이고 대응 부서를 따로 만들어야 할 정도로 새롭게 성장하는 영역이에요."

"엔터프라이즈 수요라면 구체적으로 어떤 내용을 말하는 건가요?"

"예를 들어서 우리 회사에서 앱을 개발하는데 6개월짜리 프로젝트를 1억 정도 인건비 예산을 들여야 하니 팀을 짜달라고 한다든가, 혹은 1년간 외주 인력 예산이 얼마니까 어떤 식으로 인력을 짜면 좋을지 설계를 해달라든가 하는 것이죠."

"크몽을 10년 넘게 해오셨는데 처음에 '재능 마켓'이라는 표현을 쓰다가 지금은 프리랜서 마켓으로 바꾼 계기나 이유가 있나요? 언제부터 변화인가요?"

"처음에는 뭔가 좀 크레이티브하고 재밌는 것들을 마켓으로 만들

어보자 생각하고 시작했는데 실제로는 비즈니스 고객들이 많이
찾거든요. 스타트업이나 예비창업자 분들이 마케팅이나 디자인
분야에서 요구하는 거래들이 많아지다 보니까 어느 순간 재능으
로 접근할 문제가 아니라는 느낌이 들었죠. 그래서 개념을 바꾼
게 2017년 정도였던 것 같아요."

"실제로 크몽 플랫폼을 구성하는 이용자 규모나 서비스를 등록하
고 전문가로 활용하는 분들의 규모가 어느 정도인지 알려주실 수
있나요?"

"크몽 서비스에 회원 가입하고 서비스를 이용하는 일반 회원은
250만 명에 달합니다. 프리랜서 전문가로 실제 서비스를 등록하
고 판매 중인 전문가 수는 3만 명 정도구요."

"혹시 서비스 등록자들이 부업인지 전업인지, 대략 그 규모를 알 수 있나요?"

"부업이냐 전업이냐는 구분은 좀 애매하고요, 그보다는 사업자이냐 아니냐에 따라서 가르는 게 의미가 있을 거예요. 수입이 어느 정도 규모가 되면 사업자등록을 내야 하거든요. 기업들이 의뢰를 할 경우 세금계산서를 끊어달라는 요청도 들어오고 하니까요."

"수요만 기업화되는 게 아니고 서비스 공급도 개인이 아닌 팀이나 기업 단위로 제공하는 경우도 있지 않나요?"

"네. 일반 서비스 마켓플레이스에 개인들이 아닌 기업 전문가도 많이 섞여 있는 게 사실이에요. 규모의 차이는 있겠지만 크몽에서 인력을 찾는 기업들의 수요가 늘어나다 보니, 사업자들이 크몽을 일종의 영업 창구로 이용하는 셈이죠."

"요즘 당근마켓이나 숨고 같은 곳에서도 개인 간 서비스 거래가 이루어지고 있는데 경쟁 관계가 되는 것은 아닌가요? 매출 면에서 영향은 없으신지요?"

"많은 분들이 숨고랑 비교를 많이 하시는데, 사실 숨고는 우리보다 당근마켓이 더 경쟁 업체라고 봐야 해요. 숨고는 로컬 기반의 개인 고객들을 주로 하고 있어요. 인테리어나 수리, 에어컨 청소와 같은 서비스라 오늘의 집 같은 플랫폼과 경쟁하게 되죠. 반면에 크몽은 비즈니스 기업들이 주고객이고 마케팅 및 디자인이나 앱 개발, 웹사이트 디자인 같은 분야에서 대부분의 거래가 일어나니까 많이 다릅니다."

"현재 20%의 수수료를 프리랜서 전문가 쪽에 부과하는 방식으로 플랫폼을 운영하시는데 수익 구조는 어떤 상태인가요? 업계가 성장하면서 브랜드 홍보 쪽에 꽤 공격적으로 투자를 집중해 오신 것으로 아는데요?"

"프리랜서 분들이 돈을 더 벌 수 있으려면 절대적으로 서비스 의뢰 시장 자체를 더 키워야 한다고 보기 때문에 크몽 수수료 수입의 대부분을 마케팅에 투자하고 있는 게 사실이에요. 전체 구조를 보면 크몽도 아직 흑자를 내지 못하는 단계예요. 그동안 벤처 투자금에 의존해서 성장 우선 정책을 취해온 플랫폼 회사들이 수수료를 올리거나 새로운 수익 구조를 만들어야 하는 과제에 직면하고 있는 시점이에요. 저희도 예외는 아니죠."

"얼마 전에 '구매자 수수료'라는 것을 도입한다고 공지를 하셨던 것 같은데, 우리나라 분들에게는 생소한 개념이 아닌가 싶어요. 판매자 수수료를 받고 있는데 왜 구매자가 수수료를 내야 하느냐는 불만이 바로 나올 수 있으니까요. 반발이 있을 터인데도 불구하고 이런 방안을 도입하게 된 배경을 오해가 없도록 설명해 봐 주실 수 있을까요?"

"요즘 많은 스타트업들이 이익을 내야 되는 상황에 처한 게 직접적인 계기가 되었죠. 사실 대부분의 서비스 거래 플랫폼들이 해외의 경우에는 양측에서 수수료를 받는 게 일반화되어 있거든요. 저희 입장에서는 그동안 시장을 키우는 게 필요하다고 생각하여 광고 마케팅에 많은 투자를 감수했죠. 플랫폼 편의성을 높이기 위한 개발자 인력을 추가로 늘리고 있거든요. 작년 말까지만 해도 99명 수준이었는데, 지금은 140명이 넘어요."

"부동산 거래시 복비(중개거래 수수료)를 양측에서 받는 개념이라면 이해는 되는데, 그렇다 해도 안 내던 것을 내라면 가격을 올리는 느낌이 들기 때문에 그런 점은 고려해야 할 것 같은데요?"

"프리랜서 전문가 분들도 처음에는 판매자 수수료에 불만이 많았거든요. 하지만 시장을 키워야 일감이 늘어나기 때문에 마케팅 투자가 중요해요. 100만 원 벌어서 20만 원 내는 게 아깝게 느껴질 수 있지만 200만 원 벌어서 40만 원 수수료 내는 게 수입은 더 좋아지고 그래야 이 시장도 더 커지게 되는 거니까요. 지금도 적자를 감수하고 규모를 키우는 단계이고 플랫폼 편의성을 높이기 위한 개발에도 많은 비용을 쓰고 있어요. 그래서 일단은 회사가 수익 구조를 개선하기 위해서 어쩔 수 없는 선택이라고 봐주시면 고맙겠습니다."

"긱 경제의 성장 추세는 글로벌 트렌드인데, 해외 쪽의 이 시장 현황은 어떤가요?"

"미국의 대표적인 업체로 '파이버'랑 '업워크'가 있죠. 파이버가 크몽 마켓플레이스고 업워크가 크몽의 엔터프라이즈랑 같은 모델인 셈이죠. 크몽은 두 가지 모델을 다 하고 있는 거라고 봐야지요. 일본은 크몽 마켓플레이스랑 유사한 게 '코코나'라고 있어요."

"이 시장에 10년 넘게 올인하면서 시장을 선도해온 리더로서 과거 대비 현재의 위상, 미래 포부를 들려주신다면?"

"사실 처음부터 거창한 비전을 가지고 시작한 일은 아니에요. 재미난 거 하나 만들어보자 했다가 이게 생각보다 더 잘 될 수 있겠다는 생각이 들었죠. 프리랜서 마켓으로 확장하면서 또 한 단계 올라섰고, 그렇게 나아가다 보니까 HR 시장을 클라우드 플랫폼으로 할 수 있겠다는 생각이 든 거죠. 핵심 인력들은 내부에 20~30%만 두고 나머지는 훨씬 더 유연하게 프리랜싱 형태로 충당하는 방식이 고용의 미래가 되지 않을까 생각합니다."

'5천 원의 재능나눔'이라는 소박한 컨셉에서 시작해 '프리랜서 마켓플레이스'로 진화한 크몽!

지난 10년의 성장기를 거쳐 이제는 "HR의 클라우드화"라는 새로운 업의 정의를 내리고 그에 맞는 플랫폼으로 한번 더 도약을 꿈꾼다!

10년을 곁에서 보아온 박현호 대표의 표정은 늘 한결같다. 그동안 말 못하고 견뎌내야 했을 고민이 참 많을 법한데 그런 굴곡의 흔적이 거의 없다. 회사의 미래 비전이 주는 무게에도 아랑곳없이 언제나 넉넉한 미소를 잃지 않는다. 그래서 이 사람이 좋다! 😊

그들은
야전의 전사(戰士)였다

우리가 만난 18인의 크몽 전문가는 각자의 영역에서 불모지를 일궈낸 개척자이자, 치열한 생존 경쟁에서 살아남은 전사들이다. 그들은 모두 불리한 환경 속에서도 살아남기 위한 최선의 싸움터와 무기를 선택할 줄 알았다. 그 결과, 각 카테고리에서 분명한 실적과 지명도를 갖춘 이들이다.

21세기 디지털 노마드의 낭만을 꿈꾸며 시작한 사람은 없었다. 냉혹한 현실에 떠밀렸건, 해방구를 찾아 나선 자발적인 참전이었든 간에 그들은 '크몽'이라는 무한경쟁 플랫폼에서 매일같이 전투를 치렀다. 전장에서 허용되는 유일한 무기는 '재능'이라는 칼 한 자루. 그 단검 한 자루에 자신과 가족의 미래를 걸었다.

'알량한 자존심'은 모두에게 최악의 장애물일 뿐. 이들 모두는 '진정한 자존심'이란, 빈정거리거나 하대하는 말투, 얕보는 눈빛과 몸짓으로 무장한 진상 고객을 오로지 실력 하나로 설득하여 자신의 추종자로 만드는 것임을 알았고, 이를 증명해 냈다.

매 순간이 어려웠지만 회피하거나 도망치지 않았다. 난관 앞에서도 자신을 다잡을 줄 아는 정신력을 가진 것이다. 그 정신력이 배고픈 시기를 견디게 했다. 단돈 오천 원, 만 원을 받고 평생을 갈고 닦은 재능을 팔아서 쌀을 샀다. '프리랜서'란 자신을 고용하고 스스로 먹여 살리는 자에게만 허락된 이름이다. 그래서 그들은 아마추어가 아닌 '프로페셔널'로 불리는 것이다.

'재능'이란 단검은 재질의 차이가 있을지언정 길이의 차이는 없다. 어느 카테고리에서도 전문가들 사이에 압도적인 재능의 차이는 찾기 어려웠다. 18인의 전문가가 한결같이 "재능은 종이 한 장 차이도 나지 않는다"고 입을 모았다. 남보다 재능이 뛰어나서 성공한 것이 아니라는 얘기다. 그보다는 노력의 양과 질, 그 노력을 지속할 수 있는 체력과 정신력(인내심), 모든 의뢰인에 대해 감사하는 태도에서 차이가 생겼다고 말한다. '노력하는 재능'이야말로 이들을 성공시킨 유일한 차이란 의미이다.

이 말은 꾸준히 노력할 수 있다면 누구나 성공할 수 있다는 말을 성립시킨다. 아직 저조한 실적을 가진 전문가는 물론이고, 이제 막 새로 크몽을 시작하는 사람에게도 성공의 기회가 남아 있다는 뜻이다.

18명의 전문가들이 입을 모아 전하는 성공 비법이다.

단, 시행착오를 생략할 순 없다. 노력한다고 해서 모든 작업이 쉬워지거나 자동으로 오류가 사라지는 건 아니기 때문이다. 시행착오는 작업에서의 실수나 프로그램의 오류에 국한되지 않는다. 주위의 시기와 견제와 같은 외부 요인은 물론 건강 상실, 내부의 배신과 조직의 부조리도 시행착오의 일종이다. 일에 치여 소원해진 가족 관계도 마찬가지다. 뭐라고 부르든 스스로를 소극적으로 만들고 좌절하게 만드는 모든 것이 시행착오이다.

중요한 것은 시행착오에 발목을 잡히지 않아야 한다는 점이다. 그래야 성장하고 다시 일어설 수 있다. 바위를 휘돌아 흐르는 물처럼 상황과 여건에 따라 새로운 활로를 끊임없이 찾아야 한다. 혼자가 안 되면 팀을 꾸리고, 좋은 파트너와 팀원을 찾기 위한 수고를 감수해야 한다. 그래야 생존력이 높아지고 경쟁력이 생긴다. 물론 그 과정은 쉽지 않다. 고통스럽다. 그렇지만 그 고통은 가만히 있으면 영원히 계속된다. 더 아프지 않기 위해서라도 돌파구를 찾아야 한다. 생존 경쟁이란 그런 것이다.

시행착오의 역설은 돌파구를 찾는 과정을 통해 오히려 성장한다는 사실이다. 마치 갑각류가 몸집을 키우기 위해 껍질을 벗는 탈피 과정과 흡사하다. 가재는 단단한 껍질을 가지고 있다. 그래서 신축성이 없다. 이 껍질은 평소에는 더없이 훌륭한 갑옷이지만 성체가 되기 시작하면 감옥으로 변한다. 커진 몸집을 외피가 수용하지 못하기 때문이다. 이때 갑각류는 탈피한다. 기존의 껍질을 버리고 새로운 껍데기로 갈아입는다. 문제는 그 탈피가 완성되기 전까지의 시간이, 모든 갑각류가 겪는 최악의 시간이라는 점이다. 연약한 속살이 여지없이 천적들 앞에 노출되기 때문이다. 많은 개체들이 먹이로 사라지는 순간이 바로 이때다.

크몽 전문가에게 시행착오란 그런 것이다. 작업 과정의 실수는 언제나 방심에서 나온다. 다만 이런 실수는 고치면 그만이다. 그보다는 성장에 취해 초심을 잃거나, 일에 대한 고마움보다 돈이 먼저 보일 때 취약해진다. 작은 충격에도 여지없이 무너지고 쓰러진다. 탈피 과정에서 사라지는 무수한 가재들처럼 전문가 경쟁에서 도태되고 마는 것이다.

18인의 전문가 모두 나름의 시행착오를 거쳤다. 겉은 멀쩡해 보여도 내면은 아직도 낫지 않은 상처투성이다. 애써 일해 주고 잔금을 떼어먹히는 정도의 상처는 양반에 속한다. 평점 갑질, 후기 갑질 따위는 웃어넘길 수준이다. 진상 고객이 주는 스트레스는 일종의 직업병으로 취급한다. 어느 정도 면역이 된 것이다.

그럼에도 모든 전문가에게 시행착오는 여전히 현재진행형이다. 이놈의 '알량한 자존심' 때문이다. 출근할 때마다 집에 두고 왔다고 암시를 걸어도 불쑥불쑥 고개를 쳐드는 게 이놈이다. '그깟 돈 몇 푼 벌자고 이런 소리까지 듣느냐!'는 내면의 외침을 매번 외면하기가 아직도 쉽지가 않다.

통제가 안 되는 마음을 다잡는 것이 정말 어려운 일이다. 상대방의 무례를 참으며 소통하는 일, 상대의 부당함을 빌미 잡아 얼마든지 반

격할 명분이 있음에도 참아내는 일, 오해를 받고도 별다른 해명 없이 결과로 증명하는 일 등등이 모두 이런 작업에 속한다. 이런 작업을 꾸준히 하다 보면 비로소 '노력하는 재능'을 손에 넣을 수 있다. 노력하는 재능을 꽃피우는 데 특별한 요령은 없다. 그저 인내와 멘탈 관리가 전부다.

시행착오를 극복한 결과로 손에 넣는 것은 '노력하는 재능'이지만 극복 과정 중에 얻게 되는 것은 '능력의 진화'다. 진화의 끝이 재능의 개화인 셈이다.

진화는 생존하는 힘이다. 주변의 여건과 환경에 따라 변신하는 능력이다. 수주받은 의뢰 건수에 따라 가격을 올리고 내리는 유연한 가격 정책, 첫 의뢰를 추가 의뢰로 이어지게 하는 유인술, 의뢰인이 감동할 정도의 즉각적인 수정과 피드백 등 동원되는 전략과 전술이 수십, 수백 가지다. 그 모든 행동 뒤에는 좋은 후기 한 줄, 평점 0.1이 가진 가치에 대한 자각이 존재한다. 모두들 "운이 좋았을 뿐"이라고 입을 모으지만, 운만으로 성공을 이룬 사람은 한 명도 없었다. 모두가 치열한 진화를 거듭하고서 재능을 개화시킨 사람들이다. 이들의 성공이 박수를 받아 마땅한 이유다.

정치, 사회, 경제, 문화 등 분야를 막론하고 모든 성공의 밑바탕에 작용하는 힘이 있다. '가족에 대한 사랑'이다. 전장에 나선 군인들이 애지중지 간직하는 가족 사진 한 장의 힘은 21세기 디지털 전장에도 여전히 유효하다. 사랑하는 사람, 특히 가족이야말로 생존 의지를 높이는 최고의 자극제다. 부모님께 자랑스런 자식으로 거듭나기 위해서, 식구들의 생계와 미래를 준비하기 위해서 앞이 보이지 않는 현실의 어둠을 깨치고 일어나게 된다.

지금 우리가 만난 크몽 전문가 18인의 시선은 조금 더 먼 곳을 향해 있다. 다가오는 미래에 대한 보이지 않는 경계심을 늦추지 않는다. 카테고리를 가리지 않았다. 인터뷰에 응한 대다수가 챗GPT로 촉발된 인공지능의 공습을 실감하는 중이다.

"그래도 살아남는 사람은 살아남을 것"이란 희망 섞인 비전을 내비치는 이들도 있었지만, 일부는 "어떻게 대처해야 할지 잘 모르겠다"며 걱정을 숨기지 않았다. 커다란 쓰나미가 몰려오고 있는 것은 확실한데, 그 파도가 휩쓸고 지나간 뒤 얼마나 살아남을 수 있을지는 예측이 어렵다는 점이다.

그렇지만 그 두려움 때문에 손을 놓고 있는 사람은 없다. 파도를 피하는 소극적인 방법을 찾는 대신 이왕에 닥친 위기를 어떻게 기회로 활용할지를 놓고 머리를 쥐어짜고 있다. 모든 카테고리에서, 모든 전문가를 살릴 방법을 찾고 있는 게 아니다. 그런 답은 존재하지 않음을 이미 알고 있기 때문이다. 지금은 당장 자신과 자신의 팀이 어떻게 살아남을 수 있을지에 골몰하고 있다.

인터뷰 글 정리를 마치며 돌아보건대 당면한 인공지능의 공세 속에서도 이들은 분명 살아남을 것이라 확신한다. 어느 누구도 명쾌한 대책을 내놓지 않지만 결국 그들은 자신만의 해법을 찾아낼 것이기 때문이다. 이는 옆에서 지켜보며 훈수를 둘 수 있는 구경꾼에게 허락

된 직관일 것이다.

　이런 확신의 뿌리는 한 가지. 이들 모두가 작은 인연도 소중히 여기는 삶을 살아왔다는 사실이다. 크몽 전문가들은 그들이 초보일 때부터 지금까지 모든 인연에 대해 최선을 다해 왔다. 꼭 의뢰인뿐만 아니라 자신의 인생에서 만난 모든 인연을 바람 앞 촛불을 지키듯 보살펴왔다. 아무리 인공지능 기술의 발전이 수많은 직업과 사람들의 일자리를 위협한다 해도 이들의 생존 가능성이 충분하다고 보는 이유다. 인공지능이 고도화되어도 모든 비즈니스는 결국 사람과 사람의 관계를 벗어나지 못할 터이므로….

　이 책을 기획하고 출판을 진행하는 동안 예기치 못한 인연이 많이 생겼다. 크몽의 박현호 대표님을 비롯해 인터뷰를 통해 자신의 삶과 생존 노하우를 공개해 준 전문가 모두에게 진심으로 감사드린다.

　끝으로 시행착오를 통해 진화를 거듭하고, 마침내 '노력하는 재능'을 손에 넣은 전사들의 남은 여정에 승리의 여신이 함께 하길 기원하며 건투를 빈다.

2023년 끝 무렵에
이창근

부록

크몽 전문가 등록 및 판매절차

지금까지 크몽 성공자들의 스토리를 읽으면서 크몽 전문가로 도전해 보고 싶어진 분들을 위해 크몽 전문가로 프로필을 등록하고, 자신이 가진 재능을 서비스 상품으로 구성해 등록/판매하는 절차를 간략하게 안내해 드립니다.

1. 크몽 가입 및 전문가 프로필 등록하기

1-1 https://kmong.com에 접속하여 [회원가입]을 합니다.

1-2 [소셜 로그인] 또는 [이메일로 가입하기] 중 하나를 클릭하고, [전문가로 가입]을 선택합니다.

1-3 이메일(소셜로그인 가입시 자동입력), 직업, 비즈니스 분야와 관심사
(3개 중복 선택 가능)를 선택하고 나이 및 필수 체크 항목에 체크한 후
[버튼만 누르면 가입완료!] 버튼을 눌러서 전문가로 회원 가입을 마
칩니다.

1-4 본인 인증을 거치고 [전문가 약관동의] 항목에 체크 표시한 뒤 **[전문가 등록 완료]** 버튼을 눌러 주면 전문가 등록 작업이 끝납니다.

> **Tip**
>
> 이미 크몽에 회원으로 가입하여 의뢰인 자격을 갖고 있는 경우는 로그인 후 프로필 사진 아래 **[전문가로 전환]** 버튼을 눌러 위에 설명한 절차와 동일한 순서로 전문가 등록을 진행합니다.
>
>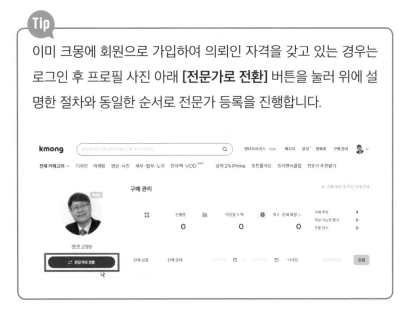

1-5 회원 로그인 후 우측 상단 프로필 사진에 마우스를 올려 펼쳐지는 메뉴 중에 [프로필 관리] 탭을 눌러서 프로필 소개 화면이 뜨면 [프로필 등록/수정] 버튼을 클릭합니다.

1-6 프로필 등록 화면의 세부 입력사항을 상세하게 작성한 뒤 맨 아래 [프로필 저장]을 클릭합니다.

(1) 전문가 소개 : 전문가 닉네임은 크몽 사용자들이 전문가를 찾으려고 검색할 때 쓰이는 이름으로 크몽 내 고유 브랜드명에 해당하는 만큼 신중하게 정해야 합니다. 판매하려는 서비스가 무엇

인지 쉽게 짐작할 수 있는 이름이나 전문성 또는 개성이 느껴지는 별명이 좋습니다. 기억하기 힘든 영어 대소문자나 어려운 철자를 쓰지 않도록 하세요. 딱 한 번만 변경할 수 있으니 특히 유의해야 합니다.

(2) **경력사항** : 의뢰인에게 전문가의 실력과 전문성에 대한 신뢰를 높일 수 있는 주요 경력이나 이력, 프로젝트 수행 경력이나 포트폴리오 등을 최대한 상세하게 적어서 믿음과 호감도를 높이세요.

(3) **학력 · 자격증** : 보유한 자격증이나 면허(라이센스), 보유 기술 등을 꼼꼼하고 자세하게 작성하는 게 좋습니다. 입력한 경력 및 학력 사항, 자격증 서류는 사실 관계 확인을 통해 서비스에 대한 승인 여부를 결정하므로 증빙이 되지 않는 허위 이력을 부풀려 기술하지 않도록 각별히 주의하세요.

(4) **희망 급여** : 세전 기준 시급 단위로 적으면 되는데, 최소 1만 원으로 적되 굳이 밝히고 싶지 않은 경우는 뒤쪽에 있는 [협의 가능] 선택 박스에 체크하고 비워 둘 수 있습니다.

(5) **상주 가능 정보** : 의뢰인이 요청할 때 특정 기업이나 조직에 상주(파견) 근무가 가능한지 묻는 항목입니다. 기간제 취업 계약이 가능하면 체크하세요. 체크한 경우에는 크몽의 기업 전용 서비스인 엔터프라이즈 기간제 채용 풀에 해당 정보가 등록되고 노출됩니다. IT · 프로그래밍, 디자인 카테고리의 경우 기업의 기간제 프로젝트에 참여할 수 있습니다.

2. 크몽에 판매할 서비스 상품 등록하기

아래 서비스 등록 화면은 전자책 카테고리를 선택했을 때 예시입니다. 디자인 등 다른 카테고리 서비스 선택시 설명 등록 항목들이 달라질 수 있으므로 각 카테고리별로 등록 가이드를 찾아서 참고하세요.

2-1 위의 [프로필 등록] 절차를 모두 마치면 아래와 같은 안내 팝업창이 나타납니다. 여기서 [**서비스 등록하기**]를 클릭하세요.

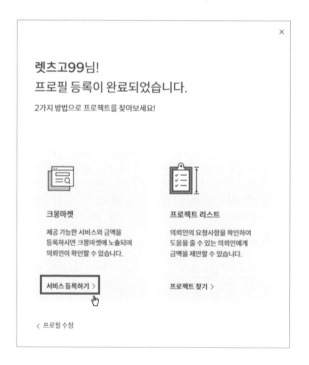

프로필 등록을 끝내고 위 화면을 닫은 상태에서 서비스를 새로 등록하려면 우측 상단 프로필 사진에 마우스를 올려 펼쳐진 메뉴에서 **[프로필 관리]**를 클릭해서 **[서비스]** 탭을 선택하고, **[+ 서비스 등록하기]** 링크를 눌러서 서비스 등록을 시작할 수도 있습니다.

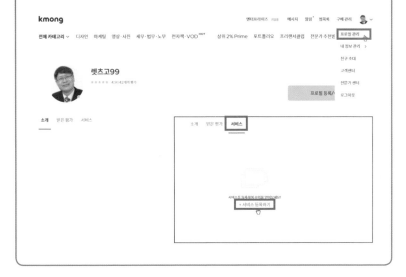

2-2 **[서비스 등록]** 화면 메뉴의 입력 사항을 차례대로 상세하게 작성합니다.

(1) 입력 항목은 기본정보, 가격설정, 서비스 설명, 이미지, 요청사항 등 5가지로 구성됩니다.

(2) 서비스 카테고리별로 유사 서비스나 리뷰 평점이 좋은 상품들의 구성 방식과 서술 내용을 참고하여 내 서비스의 장점과 차별성이 드러나도록 자세히 작성합니다.

2-3 [기본 정보] 화면의 입력 사항을 차례대로 상세하게 작성하고 [저장]합니다.

(1) **서비스 타이틀** : 전문가의 서비스를 1줄(30자 이내)로 표현하세요. 해당 상품이 의뢰인에게 어떤 서비스를 제공하는지, 전문가님과 해당 서비스는 어떤 차별성과 장점을 가지고 있는지 깊이 고민해 보세요.

(2) **카테고리** : 내 서비스가 포함되는 카테고리를 신중히 선택합니다. 카테고리별로 경쟁자 수가 차이가 나므로 카테고리가 여러 서비스 분야에 중첩된다면 가급적 전문가 등록자 수가 적은 카테고리 쪽에 서비스를 등록하는 게 상대적으로 경쟁을 완화하고 노출 가능성을 높일 수 있습니다.

(3) **검색 키워드** : 키워드로 직접 검색하는 의뢰인도 많지만, 메뉴(카테고리)를 클릭해 유관 서비스만 탐색하는 의뢰인도 많으므로 내 서비스가 적절한 카테고리에 속하도록 유의합니다.

2-4 **[가격 설정]** 화면의 입력 사항을 차례대로 상세하게 작성하고 **[저 장]**합니다.

(1) 서비스 범위 : 판매 가능한 서비스 제공 범위를 명확한 기준에 따라 정합니다.

- 한 가지 가격으로 구성된 단일 서비스 또는 3가지 가격(스탠더 드/ 디럭스/ 프리미엄)으로 구성된 패키지로 설정할 수 있습니다.

(예시)

| 목차 | 서비스 설명 | **가격 정보** | 자주 묻는 질문 | 취소·환불 | 서비스 평가 |

가격 정보

	STANDARD **20,000원**	DELUXE **66,000원**	PREMIUM **990,000원**
패키지 설명	**가성비최고 고객관리 전자책 (188쪽)** 구매 확인 즉시 1일 이내 다운로드 가능한 PDF 파일 제공, 크몽 시스템을 통한 자동 알림 및 다운로드 지원	**전자책(188쪽) + 유선코칭 3회** 스탠다드 전차책 + 유선코칭 3회 제공 카카오 메시지 마케팅(424쪽 총이책, 정가22,000원) 추가선물!	**전자책(188쪽) + CRM구축 컨설팅** 스탠다드 전자책 + 1:1 CRM(고객관계관리) 시스템 구축 셋팅 + 웹사이트 실시간 고객행동 추적법 컨설팅

- 단일/패키지에 포함하지 않은 옵션도 설정할 수 있습니다.(예: 빠른 서비스, 오프라인 미팅 등)

(2) **패키지 구성** : 3단계 패키지로 구성할 경우 [프리미엄]으로 올라갈수록 서비스가 추가되거나 단가가 높은 서비스로 구성합니다. (예: 심볼형 로고 1개 → 심볼 +텍스트형 로고 1개 → 엠블럼형 1개…)

(3) **서비스 금액** : 경력과 작업 수준에 따른 시급, 특정 과업에 소요되는 시간, 경쟁사나 다른 전문가와 가격을 비교해서 적정한 가격으로 설정합니다. (초기 진입 시기, 리뷰나 평점이 없는 시기에는 가급적 저렴하게 책정하고 일정 정도 리뷰가 쌓이면 가격을 정상화하는 전략을 선호함.)

- **[서비스 금액 설정 가이드]** 확인하기
  → https://bit.ly/kmong_price_guide

(4) 작업 기간 : 의뢰인과의 원활한 소통을 위해 서비스별 작업 기간을 기재합니다. 작업물 발송 후, 수정 반영까지 고려하여 기간은 가급적 넉넉히 기재합니다.

(5) 수정 횟수 : 깔끔한 과업 완료를 위해 수정 가능 횟수를 정확히 기재합니다.

(6) 가격 : 의뢰인이 서비스를 선택하는 중요한 요인입니다. 의뢰인은 자신에게 필요한 서비스를 탐색하고 가격과 퀄리티 및 고객 후기를 고려해 서비스를 선택합니다. 막 등록한 서비스는 확인할 수 있는 고객 후기가 없기에 가격 혹은 퀄리티 면에서 강점을 어필해야 하지만 너무 낮게 설정하면 오히려 퀄리티를 의심받을 수 있습니다. 전문가님의 경력과 이력, 포트폴리오와 다른 전문가의 서비스 가격을 비교해 합리적인 가격을 책정하세요.

2-5 [**서비스 설명**] 화면의 입력 사항을 차례대로 상세하게 작성하고 [**저장**]합니다.

(1) 서비스 설명 : 쇼핑몰의 상품 상세페이지에 해당합니다. 서비스를 맡길지 말지 의뢰인이 스스로 판단하게 만드는 핵심 페이지이므로, 아래와 같은 기본 항목들로 내용을 구성합니다.

- 눈길을 끌 만한 매력적인 수상 이력이나 뛰어난 경력이 있는 경우 간단히 기재 (예: ○○학교 ○○학과 졸업, ○○개 이상의 ○○ 참여 ○○ 수상)

- 의뢰인에게 건네는 인사 2~3줄 (안녕하세요! ○○전문가입니다. 현재 ○○하고 있습니다. ○○를 찾는 의뢰인에게 ○○서비스를 제공하겠습니다.)

(2) 전문가 소개 : 눈에 보이지 않는 서비스를 판매하는 만큼 자신에 대한 소개가 중요합니다.

- **전문가의 이력** : 서비스 관련 핵심적으로 어필할 수 있는 주요 경력은?

- **주요 수상내역** : 숫자로 어필할 수 있는 경력은 강조해서 표현하세요.

- **경력과 강점** : 어떤 분야, 어떤 직장에서 어떤 이력을 쌓았고, 어떤 강점이 있는가?

- **차별화 포인트** : 유사 서비스를 제공하는 다른 전문가와 구별되는 특장점은?

- **경쟁력 포인트** : 의뢰인이 동일 카테고리 안에서 굳이 내 서비스를 구매해야 하는 이유는?

- **가치관과 자세** : 서비스를 통해 추구하는 나의 가치와 작업에 임하는 태도

- **판매 의도** : 이 서비스를 만들어 팔게 된 계기와 포부는?

(3) 서비스 소개 : 서비스의 타깃, 효과, 결과를 중심으로 상세히 서술하고 견적 내역, 서비스 제공 절차 등을 상세히 안내합니다. (패키지로 구성한 경우 각 패키지에 대한 서비스를 비교 설명)

- **타깃** : 해당 서비스는 어떤 목적을 가진 의뢰인에게 필요한 서비스인가?

- **효과** : 해당 서비스를 구매한 의뢰인은 어떤 효과를 기대할 수 있나?

- **결과** : 해당 서비스를 구매했을 때 어떤 결과물을 받아볼 수 있나?

- **견적 산정 기준** : 어떤 금액으로 어떤 서비스를 제공하나?

- **시간** : 서비스별 수행 소요 시간은 어떻게 되나? (예: Standard 3일, Deluxe 5일…)

- **범위** : 서비스별 제공 범위는 어떻게 되나?

- **방식** : 서비스는 어떤 방식으로 제공되나? (예: PDF 파일, 다운로드 링크, 워드 파일 등)

- **서비스 제공 절차 안내** : 구매 전 상담이 필요한 경우 [문의하기] 기능을 이용하도록 안내

2-6 **[이미지]** 화면의 입력 사항을 차례대로 상세하게 작성하고 **[저장]**
합니다.

(1) 이미지 : 전자책의 표지, 목차, 맛보기 샘플 페이지 등을 비롯해
서 디자인 카테고리의 경우 전문가들의 포트폴리오 등을 제공하
는 역할을 합니다.

　－ 메인 이미지 1개 (필수) : 652×488px (4:3 비율)

　　→ https://bit.ly/kmong_image_guide 참고!

　－ 상세 이미지 5개 (필수)

　－ 동영상 등록 6개 (선택)

- 파일 등록 1개 (필수)

(2) **디자인 및 IT 개발 카테고리** : 포트폴리오 기능을 통해 서비스를 시각적으로 보여줍니다.

- [마이크몽] > [나의 포트폴리오] 메뉴를 이용하세요.
- 영상, 사진, 음향 카테고리도 등록 가능합니다.

  → https://kmong.com/portfolio/6

(3) **포트폴리오** : 잘 정리된 외부 링크가 있는 경우 링크를 단축주소 (bit.ly)를 활용하여 기재합니다.

- 포트폴리오 안에 전화번호, 이메일 주소 등 외부 연락처가 노출되지 않도록 주의하세요! (포트폴리오에 외부 연락처가 드러나면 패널티가 주어질 수 있습니다.)

2-7 **[요청 사항]** 화면의 입력 사항을 차례대로 상세하게 작성하고 **[저 장]**합니다.

(1) **유의 사항** : 서비스를 맡길 때 의뢰인이 고려해야 할 사항을 충 분히 안내해 줍니다.

　　– 패키지 서비스 간 제공되는 서비스나 지원 혜택의 차이는 무 엇인가?

(2) **적용 한계** : 서비스 지원 범위나 횟수, 제공 기한 등 중요한 제한 사항 등을 안내합니다.

(3) **구매시 주의사항** : 크몽 시스템 이외 개인 간 직접 거래 요청이 나 개별적인 할인 요구에 응하지 않는다는 등의 주의 사항을 부 가적으로 안내합니다.

3. 등록한 상품의 판매 승인 신청하기

아래 예시로 제시하는 화면들은 크몽 전자책 카테고리에 실제로 올려져 있는 저자(최규문)의 상품 안내 및 리뷰 중 일부를 보여주는 예시들입니다.

3-1. 위의 과정을 통해서 등록한 상품이 정상적으로 보이는지 최종 검토 후 서비스 판매 승인을 신청하세요.

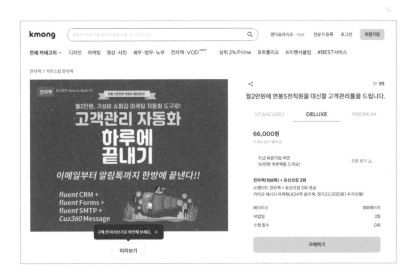

(1) **상품 등록 상태 확인 :** 지금까지 설명한 상품 등록 절차를 따라 서비스 제품이 정상적으로 등록되었는지 먼저 확인합니다.

- 특히 STANDARD / DELUXE / PREMIUM 상품 간에 제공되는 서비스나 혜택 내용이 가격에 부응하는 차별성이 있는지 충분히 검토하는 게 좋습니다.

- 크몽 이용자들이 검색할 때나 광고 집행시 상품의 타이틀이 가장 우선적으로 노출되는 요소인 만큼 눈길을 끌 수 있는 제목을 정하는 것이 매우 중요합니다.

(2) 판매 승인 신청 : 상품 등록을 마쳤다고 해서 그 즉시 판매가 허용되는 것이 아닙니다. 일반 물건을 판매하는 쇼핑몰과 달리 서비스를 상품으로 만들어 제공하는 크몽 플랫폼의 특성상 운영진의 상품 구성 내용에 대한 검수를 거쳐 승인을 받아야만 비로소 판매가 허용됩니다.

- 상품 정보에 대한 모든 등록 사항이 가이드라인에 맞는다고 판단되면 뒤에 첨부한 [크몽 서비스 등록 시 체크 리스트]에 적힌 항목들을 최종적으로 살펴본 뒤에 [서비스 승인 요청]을 신청합니다. 보통 1주일 이내에 승인 및 보완 요청이 옵니다.

(3) 수정 요구 반영 후 재신청 : 서비스 상품에 문제가 없으면 승인 요청 후 수일 이내로 판매 승인이 되지만 가이드라인에 위배된다고 판단될 경우 수정 요구 사항이 통보됩니다. 이 경우 해당 내용을 가이드라인에 맞추어 수정한 다음 다시 [서비스 검수] 신청을 하면 됩니다.

3-2. 서비스 판매 발생시 고객 대응과 리뷰 및 평점 관리에 각별히 유의합니다.

(1) 고객 문의 및 주문 발생시 신속 대처 : 서비스 상품의 특성상 거래 관계가 없을 경우 고객은 대부분 앞서 구매한 타인들의 리뷰

와 평가 점수를 살펴보고 서비스 구매 여부를 결정하게 됩니다. 따라서 크몽에서 가장 유의해서 관리해야 할 핵심 포인트는 바로 구매자의 리뷰와 평점입니다.

- 서비스 구입 전에 문의 메시지가 올 경우 최대한 빠르고 친절하게 문의사항에 응대하는 게 필수적입니다.

- 리뷰 건수나 평점이 좋다고 해도 각자가 구매를 결심하기 전까지 전문가에게 사전 상담이나 문의를 하는 경우도 많습니다. 따라서 구입 전 상담 요청이나 문의 메시지에 대해서는 지체 없이 응답하는 게 좋습니다.

(2) 결제 완료 전 연락처 정보 제공 금지 : 크몽은 구매 결제가 완료되기 전까지 전문가가 자신의 연락처(이메일 주소 또는 전화번호, 카카오톡 계정 등)를 주문자에게 제공할 수 없도록 규정하고 있습니다.

- 상담 메시지를 작성해서 보낼 때마다 주의사항으로 공지되지만 초보자인 경우 이 규칙의 중요성을 간과하고 무심결에 연락처를 공개했다가 패널티를 받는 경우가 의외로 많으니 각별히 주의하세요..

- 결제가 완료되기 전까지는 크몽 시스템에서 제공하는 '메시지' 도구만을 사용해서 소통해야 합니다.

(3) 판매 후 리뷰 및 평점 관리 : 크몽 시스템을 이용하고 주문 발생 시 리뷰 작성에 대한 내용이 구매자에게 제공되고 일주일 안에 구매 취소나 환불 요청이 없을 경우 자동으로 구매가 확정됩니다. 구매 확정시 리뷰와 평점을 남길 수 있고, 추후 수정도 가능합니다.

리뷰

⭐⭐⭐⭐⭐ **4.9** | 42건

전체 리뷰 42건　　　　　　✓ 최신순　　　별점 높은 순　　별점 낮은 순

코*****
⭐⭐⭐⭐⭐ **5.0** | 23.09.20 16:28

내용이 너무 알찹니다.^^

주변 사람들에게 적극 추천하고 싶습니다.

마케팅 자동화를 이렇게 가성비있게 할 수 있다니~^^

작업일: 24시간이내 | 주문 금액: 5만원 - 10만원

도*****
⭐⭐⭐⭐⭐ **5.0** | 23.06.25 01:44

타입봇을 검색하다가 우연히 최규문 교수님 홈페이지를 알게 됐는데요.. 와.... 뭔가 미래에 와있는듯한 정보들이 가득해서 너무 놀랐어요. 그래서 바로 전자책 구매합니다. 정말 정성가득한 전자책 그 자체에요.. 차근차근 링크 눌러보면서 읽어보겠습니다. 자동화 꼭 한번 만들어서 활용해볼게요! 감사합니다!!

작업일: 24시간이내 | 주문 금액: 5만원 미만

- 서비스 상품의 특성상 앞선 구매자의 리뷰와 평점이 새로운 고객을 끌어내고 판매를 유발하는 핵심 요소인 만큼 악성 리뷰나 불만 글이 올라오면 상품 판매에 치명적인 영향을 끼칠 수 있습니다.

- 따라서 구매한 고객의 불만성 리뷰가 올라오거나 나쁜 평점이 나오지 않도록 상담 요청이나 질문에 대해 최대한 신속 친절하고 성실하게 응대해야 합니다. 만약에 불만 리뷰나 혹평이 올라올 경우 구매 고객과 소통을 통해서 원인을 해소하고 리뷰 내용이나 평점을 변경해 주도록 요청하세요.

- 리뷰 및 평점 관리가 크몽 상품의 판매를 좌우하는 핵심 요소라는 점에 특별히 유의해야 합니다.

4. 크몽 서비스 등록 시 체크 리스트

구분	점검 항목	체크
전문가명 결정하기	검색이 용이한 전문가명인가요?	
	판매 카테고리를 유추할 수 있는 전문가명인가요?	
전문가 프로필 등록하기	지금까지의 이력/경력을 꼼꼼하게 기재했나요?	
	사실 관계를 확인할 수 있는 이력/경력을 기재했나요?	
	어떤 서비스를 판매할지 결정했나요?	
	서비스 정하기 판매하려고 하는 서비스의 1차 카테고리를 둘러보았나요?	
	판매하려는 서비스가 어떤 2차 카테고리에 들어갈지 결정했나요?	
서비스 타이틀 정하기	서비스 타이틀을 정했나요?	
	맞춤법 검사를 완료했나요?	
서비스 리스트 정하기	제공하고자 하는 서비스 리스트를 작성했나요?	
가격 책정하기	서비스 리스트에 따른 가격을 책정했나요?	
	동일한 카테고리에 판매 중인 서비스와의 가격을 비교했나요?	
기간 책정하기	서비스 당 소요 시간을 기재했나요? (작업을 발송 후, 수정 반영까지 고려하여 넉넉히 기재하세요.)	
수정 횟수 기재하기	서비스당 수정 가능 횟수를 기재했나요?	

상세페이지 작성하기	타이틀(대제목)로 내용을 구분했나요?	
	서비스에 대한 자세한 설명이 들어가 있나요?	
	서비스 판매시 의뢰인이 알아야 할 유의 사항이 들어가 있나요?	
	상세페이지나 포트폴리오에 외부 연락처가 노출되지 않았는지 확인했나요?	
	포트폴리오를 첨부했나요?(선택사항)	
	맞춤법 검사를 완료했나요?	
썸네일 제작	썸네일 템플릿에 맞추어 제작했나요?	
	저작권에 문제가 없는 사진을 사용했나요?	
	썸네일 내 오타는 없나요?	

* 출처 : [크몽 프리스쿨] 스타터 키트 (크몽 제공)

5. 최근 '크몽어워즈' 수상자 명단

* 2021 크몽어워즈 (9회) 수상자 명단
  https://kmong.com/events/kmong-awards/2021

순번	상 이름	전문가명	카테고리
1	슈퍼루키 (신인상)	그리미아트디자인	디자인
2		STR마케팅	마케팅
3		CharlieMcgill	번역 통역
4		사이다맨	문서 글쓰기
5		데브토리	IT 프로그래밍
6		성우나엘	영상 사진 음향
7		팬더회계사	비즈니스컨설팅
8		미셸Michelle	운세 상담
9		링블체험단	레슨 실무교육
10		찐찐자소서	취업 입시
11		하이풋	투잡 노하우
12	MVP (최우수상)	DAcompany	디자인
13		ADManager	마케팅
14		솔로몬통번역	번역 통역
15		베씨	문서 글쓰기
16		메이크홈즈	IT 프로그래밍
17		피앤아이라이브	영상 사진 음향
18		TEO74	비즈니스컨설팅
19		독사과	운세 상담
20		브랜든조	레슨 실무교육

21		정현민	취업 입시
22		tailong	투잡 노하우
23	특별상 (엔터프라이즈상)	DK스튜디오	디자인
24		팡고지와이	마케팅
25		그로테스큐	IT 프로그래밍
26		공일기획	영상 사진 음향
27	특별상 (N잡러상)	아마프레스	디자인 외 4개
28		DT	마케팅 외 3개
29		비콘미디어	디자인 외 3개
30		첫인상프로젝트	IT 프로그래밍
31	특별상 (Steady상)	성우유현채	영상 사진 음향
32		야망사냥꾼	영상 사진 음향
33	특별상 (FSS마스터상)	세수하면이병헌	투잡 노하우
34	특별상 (베스트파트너상)	aart	IT 프로그래밍
35		타로파일러	운세 상담

순번	상 이름	전문가명	카테고리
1	신인상	파리파스텔	디자인
2		유스디자인	디자인
3		블로그파크	마케팅
4		JeongHui	IT 프로그래밍
5		뮤즈스튜디오	영상 사진 음향
6		신통번역	번역 통역
7		백경수 변리사 다지특허법률사무소	세무 법무 노무
8		타로스테이	운세
9		heeya쌤	전자책(투잡)
10		럽벤저스	심리
11	최우수상	링블체험단	마케팅
12		토킹어바웃	번역 통역
13		edu	문서 글쓰기
14		180도	IT 프로그래밍
15		그랩스튜디오	영상 사진 음향
16		TEO74	비즈니스 컨설팅
17		경주선덕여왕	운세
18		발음교정전문J	직무역량
19		ZZINZZIN	취업 입시
20		아로스Aros	투잡 노하우
21		플랫폼로캣티어	엔터프라이즈

22	특별상	여름2	IT 프로그래밍
23		vintagefilm	영상 사진 음향
24		위사이트	IT 프로그래밍
25		지구컴즈	디자인
26		토마스	번역 통역
27		아델라	운세
28		선비	영상 사진 음향
29		프롬프리	디자인, 마케팅, 비컨, 영사음, 문서글쓰기
30		엑셀마왕	IT, 문서, VOD, 전자책
31		팡고지와이	엔터프라이즈(마케팅)